I0012454

MY-TIKTOK BUSINESS !
FAIS HALLUCINER TON BANQUIER

Tout l'art de transformer tes vidéos en billets de banque

Dr CADIC Philippe

Sommaire

Introduction : Présentation de TikTok et de son potentiel

TikTok est bien plus qu'une simple plateforme de divertissement, c'est aujourd'hui un véritable tremplin pour ceux qui souhaitent monétiser leurs créations vidéo et transformer leur créativité en business rentable. Avec plus d'un milliard d'utilisateurs actifs mensuels à travers le monde, cette application est devenue un phénomène incontournable pour les créateurs de contenu désireux de bâtir une audience et générer des revenus. Pour les individus ambitieux, TikTok offre une opportunité unique de faire grandir rapidement leur notoriété et de convertir leur passion en source de profit.

Pourquoi TikTok est un levier de monétisation puissant

Contrairement à d'autres réseaux sociaux où la croissance est souvent plus lente et les barrières à l'entrée plus élevées, TikTok se distingue par son potentiel viral exceptionnel. Une seule vidéo peut rapidement exploser en visibilité, même si tu débutes et que ton compte est encore petit. Grâce à l'algorithme de TikTok, chaque vidéo a la possibilité d'être mise en avant sur la page "Pour Toi" (For You Page), le cœur du succès viral de la plateforme. Cet algorithme ne privilégie pas uniquement les créateurs ayant un grand nombre d'abonnés, mais favorise avant tout la qualité et l'engagement générés par chaque vidéo.

Cela signifie que, dès tes premières créations, tu peux atteindre une audience large et engagée. Ce potentiel de viralité rapide est un atout majeur pour ceux qui souhaitent capitaliser rapidement sur leur créativité. Ainsi, que tu aies une niche très spécifique ou que tu touches à des sujets plus larges, TikTok te donne les outils pour capter l'attention et bâtir un véritable business autour de ton contenu.

TikTok met à ta disposition une multitude d'outils pour créer des vidéos captivantes sans avoir besoin d'équipement coûteux ou de compétences techniques avancées. Les effets spéciaux, les filtres, et la vaste bibliothèque musicale te permettent de produire du contenu professionnel qui attire l'attention. Ces fonctionnalités te donnent un avantage concurrentiel important, car elles simplifient la création tout en ajoutant de la valeur à ton contenu.

De plus, la plateforme favorise l'authenticité et la spontanéité, ce qui permet aux créateurs de se concentrer sur leur personnalité unique et leurs idées plutôt que sur la production de vidéos ultra-sophistiquées. Cette approche authentique est idéale pour fidéliser une audience, car les utilisateurs de TikTok apprécient les créateurs qui semblent accessibles et authentiques.

Générer des revenus avec TikTok : un modèle financier attractif

TikTok n'est pas uniquement une plateforme pour partager des vidéos amusantes. C'est une véritable opportunité pour ceux qui veulent générer des revenus en ligne. Si ton objectif est de faire de la création de contenu une activité financièrement rentable, TikTok propose plusieurs modèles de monétisation directe et indirecte.

1. **Le TikTok Creator Fund** : À partir de 10 000 abonnés, tu peux postuler au fonds de créateurs de TikTok qui te rémunère en fonction du nombre de vues et de l'engagement de tes vidéos. Ce programme te permet de recevoir un revenu passif simplement en continuant à produire du contenu engageant.
2. **Les dons et cadeaux lors des lives** : Une autre manière de générer des revenus consiste à organiser des sessions

de live streaming, où tes abonnés peuvent t'envoyer des cadeaux virtuels, échangeables contre de l'argent réel.

3. **Les collaborations et partenariats avec des marques** : Une fois que ton audience commence à grandir, les marques te remarqueront et voudront collaborer avec toi pour promouvoir leurs produits ou services. Ces partenariats sont une excellente source de revenus et permettent d'accroître ton influence tout en monétisant ton contenu.

4. **Vendre tes propres produits ou services** : Si tu as une audience fidèle, tu peux la monétiser en vendant tes propres produits, que ce soit des cours en ligne, des produits physiques ou des services de coaching, par exemple.

TikTok : une porte d'entrée vers la liberté financière pour les créateurs

TikTok permet à tout un chacun de transformer une passion en une carrière lucrative. En peu de temps, des milliers de créateurs ont pu générer des revenus considérables simplement en publiant du contenu qui leur plaît. L'avantage majeur de TikTok par rapport à d'autres plateformes est la rapidité avec laquelle tu peux développer une audience engagée, sans avoir à investir des sommes importantes dans la publicité ou la promotion. C'est cette viralité naturelle qui offre à chaque créateur une chance égale de réussir, quel que soit le stade de départ.

Mais au-delà de la viralité, c'est l'impact financier potentiel qui rend TikTok particulièrement intéressant pour ceux qui veulent en faire un business. Tu as la possibilité de transformer ton compte en une véritable machine à cash, que ce soit grâce aux vues, aux partenariats, ou à la vente de produits.

TikTok n'est plus simplement un réseau social pour passer le temps. C'est un véritable écosystème où la créativité rencontre l'opportunité financière. Si tu cherches à bâtir un business autour de ta passion pour la création de contenu, TikTok est la plateforme parfaite pour commencer. Grâce à ses outils simples, son potentiel de viralité et ses options de monétisation, tu as tous les atouts en main pour générer des revenus et atteindre tes objectifs financiers. Ce livre te guidera étape par étape pour exploiter au maximum cette plateforme et transformer tes idées créatives en un business durable et profitable.

Comment activer la monétisation sur TikTok ?

TikTok offre plusieurs moyens aux créateurs de monétiser leur contenu vidéo. Pour ceux qui souhaitent transformer leur présence sur la plateforme en une activité rentable, il est essentiel de connaître les critères d'éligibilité ainsi que les étapes nécessaires pour accéder à ces options de monétisation. Voici un guide détaillé sur les principales méthodes de monétisation sur TikTok et comment les activer.

1. Le Fonds des créateurs de TikTok

Le **Fonds des créateurs de TikTok** est l'une des principales options de monétisation offertes aux créateurs de contenu. Ce programme rémunère les créateurs éligibles en fonction des performances de leurs vidéos (vues, engagement, etc.).

Conditions pour prétendre au Fonds des créateurs :

- **Âge minimum** : 18 ans
- **Nombre d'abonnés** : 10 000 abonnés ou plus
- **Vues récentes** : Plus de 100 000 vues au cours des 30 derniers jours (à partir du 25 mars 2021)
- **Lieu de résidence** : France, Royaume-Uni, Allemagne, Italie, Espagne

- **Règles de la communauté** : Respect des guidelines de la communauté TikTok

Étapes pour activer le Fonds des créateurs :

1. **Créer un compte Pro ou Créateur** sur TikTok si ce n'est pas déjà fait. Pour cela :
   - Allez dans **Profil**
   - Cliquez sur les **trois points** en haut à droite.
   - Sélectionnez **Gérer mon compte**, puis **Passer au compte Pro**.
2. **Répondre aux critères d'éligibilité** listés ci-dessus.
3. **Postuler au Fonds des créateurs** :
   - Ouvrez l'application TikTok.
   - Rendez-vous dans le menu **Outils pour les créateurs**.
   - Cliquez sur **Fonds des créateurs** et remplissez les informations demandées.
4. **Accepter les conditions TikTok.** Une fois validé, vous commencerez à percevoir des revenus en fonction des performances de vos vidéos. Le montant gagné peut être suivi dans un tableau de bord dédié qui permet de surveiller l'évolution de vos gains.

---

2. Le TikTok Creator Marketplace

Le **TikTok Creator Marketplace (TCM)** est une plateforme qui connecte les marques aux créateurs de contenu pour des collaborations sponsorisées. C'est un moyen efficace pour les créateurs de gagner de l'argent en produisant des vidéos sponsorisées en partenariat avec des marques.

Étapes pour accéder au Creator Marketplace :

1. **Activer l'interrupteur de contenu de marque :**

- Lors de la publication d'une vidéo, cliquez sur **Plus d'options.**
- Sélectionnez **Contenu de marque** et **Activez l'interrupteur.**
- Cela permet de signaler qu'une relation commerciale existe entre vous et une marque (une mention comme #Ad apparaîtra dans la vidéo).

2. **Associer votre campagne TikTok au Creator Marketplace :**
- Si une marque vous propose une campagne, saisissez les détails de celle-ci ou entrez le code de campagne fourni par la marque.
- Activez **Contenu de marque** et associez la vidéo à la campagne correspondante.

3. **Suivre les performances de vos vidéos sponsorisées :**
- Les performances de la vidéo sponsorisée peuvent être partagées avec la marque pour assurer la transparence et suivre l'impact de la campagne.

Le Creator Marketplace est un excellent moyen de diversifier vos revenus en collaborant directement avec des entreprises qui cherchent à promouvoir leurs produits auprès de votre audience.

---

3. Les Cadeaux vidéo

Les **Cadeaux vidéo** sont une fonctionnalité qui permet à vos abonnés de montrer leur appréciation pour vos vidéos en vous envoyant des cadeaux virtuels, qui peuvent être convertis en Diamants, eux-mêmes échangeables contre de l'argent.

Conditions pour activer les Cadeaux vidéo :

- **Âge minimum** : 18 ans
- **Nombre d'abonnés** : Plus de 10 000 abonnés
- **Compte personnel** : Les comptes Entreprise ne sont pas éligibles
- **Région** : Disponibilité des Cadeaux vidéo dans votre région
- **Activité récente** : Avoir publié au moins une vidéo publique au cours des 30 derniers jours

Étapes pour activer les Cadeaux vidéo :

1. **Allez sur votre Profil.**
2. Cliquez sur **Menu** (les trois barres en haut à droite).
3. Sélectionnez **Outils pour les créateurs**.
4. Cliquez sur **Cadeaux vidéo** et suivez les étapes pour soumettre votre demande.
5. Vous pouvez activer ou désactiver cette option à tout moment via l'onglet Cadeaux.

Les vidéos éligibles à cette fonctionnalité excluent les duos, les collages, les publicités et les contenus sponsorisés.

---

4. Les Cadeaux LIVE

Les **Cadeaux LIVE** permettent aux créateurs de recevoir des Diamants pendant leurs diffusions en direct, en fonction de la popularité et de l'interaction avec leur audience. Ces diamants peuvent être convertis en argent réel.

Conditions pour obtenir des Diamants via les Cadeaux LIVE :

- **Âge minimum** : 18 ans
- **Nombre d'abonnés** : Au moins 1 000 abonnés
- **Compte actif** : Avoir un compte depuis plus de 30 jours

- **Région** : Habiter dans une région où cette fonctionnalité est disponible
- **Respect des règles de la communauté.**

Étapes pour accéder aux Cadeaux LIVE :

1. **Allez sur votre Profil** et cliquez sur **Menu**.
2. Sélectionnez **Outils pour les créateurs** et cliquez sur **Cadeaux LIVE**.
3. Cliquez sur **Passer en LIVE** pour commencer à diffuser.

À la fin de chaque session de diffusion en direct, vous pourrez consulter votre solde de Diamants et vos gains via le résumé de LIVE.

---

5. Recevoir des pourboires

Les créateurs ayant une grande communauté engagée peuvent également recevoir des pourboires de la part de leurs abonnés via Stripe, un prestataire de paiement externe. Ces pourboires sont transférés directement au créateur, après déduction des frais applicables.

Conditions pour activer les Pourboires :

- **Âge minimum** : 18 ans
- **Nombre d'abonnés** : 100 000 abonnés minimum
- **Compte personnel** : Les comptes Pro ne sont pas éligibles
- **Région** : Disponibilité de la fonctionnalité dans votre pays

Étapes pour activer les Pourboires :

1. **Allez sur votre Profil** et cliquez sur **Menu**.

2. Sélectionnez **Outils pour les créateurs**, puis **Pourboires**.
3. Cliquez sur **Appliquer** et suivez les instructions.

Vous recevrez vos pourboires via Stripe. Il est possible de mettre à jour vos informations bancaires pour recevoir des virements automatiques.

TikTok offre de nombreuses opportunités de monétisation pour les créateurs de contenu. Que ce soit via le Fonds des créateurs, les collaborations avec des marques, les Cadeaux LIVE ou les pourboires, les créateurs peuvent transformer leur passion en une activité financièrement viable. Il est crucial de répondre aux critères d'éligibilité et de suivre les étapes décrites pour activer ces différentes sources de revenus. En optimisant la qualité et l'engagement de votre contenu, TikTok peut devenir une plateforme clé pour générer des revenus et bâtir un business rentable autour de vos créations vidéo.

Monétisation	Limite d'âge	Lieu de résidence	Nombre de followers	Autres conditions
Fonds des créateurs	18 ans	France, Royaume-Uni, Allemagne, Italie ou Espagne	10 000	Plus de 100 000 vues au cours des 30 derniers jours
Creator Marketplace	NC	NC	NC	Activer l'interrupteur de contenu de marque
Cadeaux Vidéo	18 ans	Région avec Cadeaux Vidéo disponibles	10 000	- Disposer d'un compte et avoir publié une vidéo publique depuis moins de 30 jours - Compte personnel uniquement
Cadeaux LIVE	18 ans	Région avec Cadeaux LIVE disponibles	1 000	- Disposer d'un compte depuis plus de 30 jours
Pourboires	18 ans	Région avec pourboires disponibles	100 000	- Compte personnel uniquement

Nombre de vues sur TikTok	Rémunération approximative
1 000 vues	Entre 0,20 et 0,40€
10 000 vues	Entre 2€ et 4€
100 000 vues	Entre 20€ et 40€
1 000 000 vues	Entre 200€ et 400€

Comment voir et recevoir son argent sur TikTok ?

Sur TikTok, le processus de paiement varie selon votre localisation géographique, l'option de facturation choisie et la devise utilisée dans votre contrat avec la plateforme. Pour les créateurs et les annonceurs qui commencent à monétiser leur contenu, il est essentiel de bien comprendre comment accéder à ses informations de paiement et quelles sont les différentes options disponibles pour recevoir son argent.

Trouver vos informations de facturation

Si vous utilisez TikTok pour des activités publicitaires ou si vous avez commencé à percevoir des revenus, voici comment consulter vos informations de facturation :

1. **Accédez à Ads Manager** : Si vous avez utilisé des publicités TikTok ou si vous gérez des campagnes, rendez-vous sur TikTok Ads Manager.
2. **Cliquez sur la photo de profil** (Profile Image) située en haut à droite de l'écran.
3. **Sélectionnez "Account Infos"** : Ce menu vous permettra d'accéder à toutes vos informations de compte.
4. **Cliquez sur "Basic Information"** : Ici, vous retrouverez une liste complète des modes de paiement disponibles, ainsi que les informations liées à votre facturation.

Ces étapes sont indispensables pour vérifier les détails de vos paiements, gérer vos informations de facturation et ajuster les options de paiement selon vos besoins.

Comment recevoir de l'argent sur TikTok ?

En France, TikTok offre plusieurs méthodes pour recevoir des paiements, en fonction du type de revenu que vous générez sur la plateforme (création de contenu, cadeaux, pourboires, etc.). Voici un tableau détaillé des options de paiement disponibles en France :

Options de paiement	Devise disponible	Modes de paiement
Prépayé / paiement manuel	EUR, GBP, USD	Carte bancaire, PayPal
Paiement automatique	EUR, GBP, USD	Carte bancaire, PayPal
Facture mensuelle	GBP, USD	Carte bancaire, PayPal
Facture mensuelle	EUR	Carte bancaire, PayPal, carte de débit

Détails sur les modes de paiement

- **Prépayé / Paiement manuel** : Vous pouvez effectuer des paiements prépayés ou manuels en utilisant une carte bancaire ou PayPal. Ces options sont idéales si vous préférez garder un contrôle total sur le montant que vous dépensez ou retirez.
- **Paiement automatique** : Cette méthode vous permet d'automatiser le processus de paiement via une carte bancaire ou PayPal. Chaque mois ou après un certain seuil de revenu atteint, TikTok transférera automatiquement vos gains.
- **Facture mensuelle** : En fonction de votre région, TikTok offre également la possibilité de recevoir des paiements via une facture mensuelle. En France, vous pouvez régler ces factures avec une carte bancaire, une carte de débit ou via PayPal.

Ces différentes options vous permettent de choisir celle qui correspond le mieux à vos préférences et à votre gestion financière.

Créer et optimiser son compte TikTok

L'une des premières étapes pour monétiser sur TikTok consiste à créer un compte bien structuré et optimisé dès le début. Que vous choisissiez un compte professionnel ou personnel, la manière dont vous configurez votre profil aura un impact direct sur la façon dont vous serez perçu par l'algorithme et par votre audience. Cette section vous guidera dans la création de votre compte TikTok et vous donnera des conseils pour maximiser vos chances de succès.

Étapes pour créer un compte TikTok professionnel

Un compte professionnel vous donne accès à des outils précieux comme les statistiques de performance de vos vidéos et les options de publicité. Il est particulièrement recommandé si vous avez une approche orientée business et souhaitez accéder aux fonctionnalités de TikTok Pro.

Voici les étapes pour créer votre compte professionnel :

1. **Téléchargez et ouvrez l'application TikTok** depuis l'App Store ou Google Play.
2. **Inscrivez-vous** à l'aide de votre numéro de téléphone, email ou d'un compte tiers (Google, Facebook, Apple).
3. Une fois connecté, accédez à votre **profil** en bas à droite.
4. Cliquez sur **les trois barres** en haut à droite pour accéder aux **paramètres**.
5. Sélectionnez **"Gérer mon compte"**, puis appuyez sur **"Passer au compte Pro"**.
6. **Choisissez une catégorie** qui décrit le mieux votre activité (par exemple : créateur de contenu, entreprise locale, influenceur, etc.).
7. **Complétez les informations** nécessaires, comme le nom de votre entreprise ou de votre activité.

8. **Optimisez votre bio et votre photo de profil** (voir la section dédiée ci-dessous).

Grâce au compte professionnel, vous aurez accès à des fonctionnalités avancées comme les **statistiques détaillées** sur vos vidéos (vues, interactions, taux de complétion) et des options publicitaires.

Étapes pour créer un compte TikTok personnel

Si vous préférez commencer avec un compte personnel avant de passer à la monétisation ou si vous ne souhaitez pas utiliser les outils avancés du compte Pro, voici comment créer un compte personnel sur TikTok :

1. **Téléchargez et ouvrez l'application TikTok** depuis l'App Store ou Google Play.
2. **Inscrivez-vous** en utilisant votre **numéro de téléphone**, email, ou en vous connectant via Google, Facebook ou Apple.
3. **Complétez vos informations personnelles** (nom d'utilisateur, mot de passe).
4. Une fois inscrit, accédez à votre **profil** en bas à droite.
5. Personnalisez votre **photo de profil** et **bio** (voir la section suivante pour plus de détails sur l'optimisation du profil).

Un compte personnel reste limité dans les options de monétisation (certaines fonctionnalités, comme les outils d'analyse avancés, ne sont pas accessibles). Cependant, il est tout à fait possible de commencer par un compte personnel et de le passer en compte professionnel plus tard.

Utilisation d'un numéro de téléphone ou d'un email valide

Que vous choisissiez de créer un compte personnel ou professionnel, il est important d'utiliser un **numéro de téléphone** ou un **email valide** pour l'inscription. Cela garantit que vous pourrez facilement récupérer votre compte en cas de problème de connexion. TikTok vous enverra également des notifications importantes via l'email ou le numéro de téléphone lié à votre compte.

Voici quelques conseils pour cette étape :

- Utilisez un **email professionnel** si vous avez un projet sérieux de monétisation à long terme. Cela renforce l'aspect professionnel de votre démarche.
- Si possible, liez également un numéro de téléphone pour doubler la sécurité de votre compte.
- **Vérifiez régulièrement** votre boîte mail ou les SMS pour rester informé des mises à jour importantes sur votre compte TikTok.

Optimisation de la bio et du profil pour capter l'attention dès le début

L'un des aspects les plus sous-estimés de la réussite sur TikTok est l'importance de **l'optimisation de votre profil**. C'est souvent la première chose que les utilisateurs regardent lorsqu'ils visitent votre page, et cela peut faire la différence entre quelqu'un qui vous suit ou non.

Voici les éléments clés à optimiser pour capter l'attention :

1. **Photo de profil :**
   Choisissez une image claire, attrayante et professionnelle. Si vous avez une marque ou un logo,

utilisez-le pour renforcer votre identité visuelle. Si vous êtes un créateur indépendant, une belle photo de vous suffit, mais elle doit être reconnaissable.

2. **Nom d'utilisateur :**
Votre nom d'utilisateur doit être mémorable, simple et représentatif de votre activité ou de votre niche. Évitez les noms trop complexes ou difficiles à écrire.

3. **Bio :**
Votre bio est un espace limité où vous devez communiquer **rapidement et efficacement** qui vous êtes et ce que vous proposez. Voici quelques conseils pour l'optimisation de votre bio :
    o **Soyez clair et concis** : mentionnez en quelques mots ce que vous faites (par exemple : "Créateur de contenu lifestyle | Tutoriels mode & beauté").
    o **Ajoutez un appel à l'action (CTA)** : encouragez les visiteurs à suivre votre compte ou à découvrir vos vidéos ("Suivez-moi pour des conseils de style quotidiens").
    o **Utilisez des emojis** pour rendre votre bio plus visuelle et attirer l'attention sur des éléments clés.

4. **Lien externe :**
Si vous avez un site web ou une boutique en ligne, pensez à ajouter le lien dans votre bio. Cette fonctionnalité est disponible pour les comptes Pro, ce qui en fait un excellent moyen de rediriger du trafic vers vos autres plateformes ou produits.

5. **Choisissez vos catégories avec soin :**
Pour un compte Pro, choisissez des catégories pertinentes pour votre contenu (mode, fitness, technologie, etc.). Cela aide TikTok à mieux comprendre votre niche et à montrer votre contenu à une audience ciblée.

La création d'un compte TikTok, qu'il soit personnel ou professionnel, est la première étape cruciale pour établir une présence efficace sur la plateforme. Que vous ayez une approche de divertissement ou de monétisation, il est essentiel de suivre les bonnes pratiques d'optimisation pour capter rapidement l'attention des utilisateurs et de l'algorithme de TikTok. Ce premier chapitre vous guide à travers toutes les étapes importantes pour poser des bases solides pour votre aventure sur TikTok.

L'une des plus grandes craintes des créateurs de contenu sur TikTok est le **shadow ban**. Ce phénomène, souvent mal compris, peut avoir un impact considérable sur la portée de vos vidéos et, par conséquent, sur vos chances de monétisation. Dans ce chapitre, nous allons expliquer ce qu'est le shadow ban, pourquoi il se produit et quels comportements adopter pour l'éviter.

Explication du concept de shadow ban

Le **shadow ban** sur TikTok désigne une situation où votre contenu devient beaucoup moins visible, voire invisible, aux autres utilisateurs sans que vous en soyez informé. Contrairement à un blocage explicite ou à une suppression de compte, un shadow ban est difficile à détecter, car TikTok ne vous avertit pas que vous avez été affecté.

Les signes d'un shadow ban incluent :

- **Une chute brutale du nombre de vues** sur vos vidéos.
- Vos vidéos n'apparaissent plus dans la section **"Pour Toi"** (For You Page), qui est l'endroit où la plupart des utilisateurs découvrent du nouveau contenu.
- **Moins d'interactions** (likes, partages, commentaires) sur vos publications.

Le shadow ban est souvent lié à une violation des **règles communautaires de TikTok** ou à des comportements jugés abusifs par l'algorithme. Même si ce phénomène n'est pas toujours permanent, il peut fortement réduire votre visibilité pendant une période indéfinie. Éviter le shadow ban est donc crucial si vous souhaitez maintenir une croissance stable de votre audience et, à terme, réussir à monétiser votre contenu.

Comportements à éviter pour prévenir le shadow ban

Pour éviter d'être touché par un shadow ban, il est important de comprendre les comportements qui peuvent déclencher ce type de sanction invisible. Voici une liste des erreurs les plus courantes et comment les éviter :

1. Ne pas suivre ou unfollow massivement

L'un des comportements que TikTok considère comme abusif est l'**action massive de suivre ou d'unfollow** des comptes dans un laps de temps très court. Bien que cela soit souvent utilisé pour essayer de gagner rapidement des abonnés, cette pratique est très mal vue par l'algorithme.

- **Ne suivez pas plus de 30 à 50 personnes par heure**. Au-delà, TikTok peut considérer cela comme une tentative de manipulation de l'algorithme.
- **Ne vous désabonnez pas massivement** non plus. Le faire de manière trop répétée pourrait déclencher un comportement suspect.

2. Ne pas publier trop fréquemment au début

Même si TikTok récompense les créateurs qui publient régulièrement, **publier trop fréquemment** dans les premiers jours de création de votre compte peut être perçu comme du spam. Lorsque vous êtes nouveau sur la plateforme, il est conseillé de :

- Limiter la publication à **1 à 2 vidéos par jour** au départ.
- Augmenter progressivement la fréquence au fur et à mesure que vous développez votre compte et que vous comprenez comment votre audience réagit.

L'objectif est de maintenir une **qualité constante** plutôt que de bombarder votre audience de contenu. Cela vous aidera à construire une relation de confiance avec vos abonnés et à éviter tout comportement qui pourrait être perçu comme agressif par TikTok.

3. Éviter les contenus avec des droits d'auteur

Les violations des **droits d'auteur** sont l'une des raisons les plus fréquentes de shadow ban. Utiliser des musiques, des vidéos ou des extraits protégés par des droits sans avoir la permission peut entraîner une limitation de la visibilité de vos vidéos.

Pour éviter cela :

- Utilisez uniquement des **musiques autorisées** par TikTok. La plateforme propose une vaste bibliothèque de sons et de musiques libres de droits ou autorisés, que vous pouvez utiliser sans risque.
- Évitez de télécharger du contenu (clips vidéos, musiques) qui ne vous appartient pas ou qui n'a pas été approuvé par les créateurs originaux.
- Si vous créez du contenu en utilisant du matériel de tiers (par exemple, des parodies), assurez-vous que cela tombe sous le **fair use** (usage équitable), mais cela reste à éviter si vous n'êtes pas sûr.

Le non-respect de ces règles peut conduire non seulement à un shadow ban, mais aussi à des sanctions plus graves, comme la suppression de vidéos ou même la suspension de votre compte.

4. Respecter les guidelines de TikTok

TikTok a des **règles communautaires strictes** qui encadrent ce qui peut ou ne peut pas être partagé sur la plateforme. Le non-respect de ces directives est l'une des principales raisons pour lesquelles les créateurs subissent un shadow ban. Voici quelques exemples de violations courantes :

- **Contenu inapproprié** : Les vidéos contenant de la nudité, de la violence, ou des propos offensants sont strictement interdites.
- **Misinformation** : Partager des informations fausses ou trompeuses, particulièrement sur des sujets sensibles comme la santé ou la politique, peut entraîner des sanctions.
- **Contenu dangereux ou nuisible** : Promouvoir des activités dangereuses ou qui incitent à la violence est également une raison fréquente de shadow ban.

Pour garantir que votre contenu reste conforme aux règles de la plateforme :

- Prenez le temps de **lire et comprendre** les directives communautaires de TikTok.
- Avant de publier, posez-vous la question : **est-ce que mon contenu pourrait être mal interprété ?**.

Les autres cause de shadow ban

En plus des comportements déjà mentionnés, plusieurs autres erreurs peuvent également entraîner un **shadow ban** sur TikTok. Voici quelques-unes des plus courantes :

1. Utiliser des hashtags interdits ou inappropriés

L'utilisation de certains hashtags peut aussi conduire à un shadow ban, notamment :

- **Hashtags interdits** : Certains hashtags sont bannis ou restreints par TikTok en raison de leur contenu inapproprié ou problématique. Par exemple, des hashtags qui encouragent des comportements dangereux ou qui contiennent des termes sensibles peuvent provoquer une limitation de la visibilité de vos vidéos.

- **Hashtags trompeurs ou non pertinents** : Utiliser des hashtags populaires mais non pertinents pour essayer de gagner en visibilité peut également nuire à votre compte. Cela est perçu par l'algorithme comme une tentative de manipulation, ce qui peut déclencher un shadow ban.

Solution : Utilisez des hashtags qui correspondent réellement au contenu de vos vidéos et assurez-vous de vérifier s'ils sont encore autorisés ou pertinents.

2. Recevoir des signalements fréquents

Si votre contenu est fréquemment **signalé** par d'autres utilisateurs (pour contenu inapproprié, harcèlement, ou autres raisons), TikTok pourrait restreindre la visibilité de votre compte. Même si les signalements ne conduisent pas nécessairement à la suppression de votre vidéo, un nombre élevé de signalements est un signal d'alarme pour l'algorithme.

Solution : Assurez-vous que votre contenu respecte les lignes directrices de TikTok, et que vous n'engagez pas de comportements pouvant provoquer des réactions négatives de la part de votre audience.

3. Interactions suspectes ou spam

Les interactions suspectes telles que l'utilisation de bots ou des techniques de croissance artificielle peuvent aussi entraîner un shadow ban :

- **Acheter des abonnés, des likes ou des vues** : Cela peut sembler être une méthode rapide pour gagner en crédibilité, mais TikTok détecte facilement ces pratiques et peut limiter la portée de votre compte.

- **Commentaires spam** : Poster des commentaires massifs ou identiques sur plusieurs vidéos pour attirer l'attention de manière artificielle peut également déclencher un shadow ban.

Solution : Concentrez-vous sur la création d'une audience organique en postant du contenu de qualité et en engageant avec les utilisateurs de manière authentique.

4. Changer trop souvent d'appareil ou de réseau

L'algorithme de TikTok surveille également les **changements d'appareil ou de réseau**. Si vous vous connectez fréquemment à votre compte à partir de différents appareils ou si vous utilisez constamment des VPN pour accéder à TikTok depuis d'autres localisations, cela peut être perçu comme un comportement suspect. Le résultat peut être une limitation de la portée de vos vidéos.

Solution : Essayez de rester cohérent dans l'utilisation de votre appareil et évitez les changements fréquents d'IP, à moins que ce ne soit nécessaire.

5. Publier du contenu considéré comme clickbait

Le **clickbait** (titre accrocheur mais trompeur) est une autre pratique que TikTok pénalise. Si vos vidéos ne répondent pas aux attentes de l'utilisateur basées sur le titre ou la miniature, TikTok peut réduire la visibilité de vos vidéos futures. Le taux de complétion (la durée de visionnage de votre vidéo par rapport à sa durée totale) est un facteur important pour l'algorithme.

Solution : Assurez-vous que le contenu de vos vidéos est cohérent avec les titres et les miniatures que vous choisissez.

6. Utiliser des filtres ou effets non autorisés

Même si TikTok propose une large gamme d'effets et de filtres, certains peuvent être bannis pour des raisons variées (contenu inapproprié ou non conforme). L'utilisation fréquente de tels effets pourrait entraîner des sanctions, y compris un shadow ban.

Solution : Utilisez uniquement les filtres et effets autorisés par TikTok et disponibles directement dans l'application.

7. Poster du contenu politique sensible

Bien que TikTok permette une certaine liberté d'expression, les sujets **politiques sensibles** peuvent entraîner un shadow ban si le contenu est perçu comme incitant à la haine, à la violence ou à la désinformation. TikTok prend des mesures strictes contre le contenu politique controversé ou extrémiste.

Solution : Soyez prudent lorsque vous traitez de sujets politiques, et assurez-vous de respecter les règles de la communauté.

8. Négliger les performances des vidéos

Si plusieurs de vos vidéos obtiennent un **faible taux de complétion** (les utilisateurs quittent la vidéo sans la regarder en entier), TikTok peut estimer que votre contenu n'est pas suffisamment engageant. L'algorithme privilégie les vidéos qui captent l'attention de l'audience jusqu'à la fin.

Solution : Créez du contenu engageant qui capte l'attention dans les premières secondes et pousse les utilisateurs à rester jusqu'à la fin.

Le shadow ban peut être un véritable obstacle à la croissance de votre compte TikTok, en limitant considérablement la portée de vos vidéos sans avertissement direct. En adoptant des pratiques saines dès le départ et en restant en conformité avec les règles de la plateforme, vous pouvez éviter cette sanction invisible et assurer la visibilité continue de votre contenu. La clé est de publier régulièrement, d'éviter les comportements abusifs, de respecter les droits d'auteur, et de suivre les directives de TikTok. Une fois ces pratiques en place, vous maximiserez vos chances de rester en haut de l'algorithme et d'attirer une audience engagée.

Introduction aux Directives Communautaires

TikTok est une plateforme qui repose sur la créativité, l'expression personnelle et la connexion avec un public mondial. Pour garantir un environnement sain, sécurisé et divertissant pour ses utilisateurs, TikTok a mis en place un ensemble de **directives communautaires**. Ces règles visent à protéger les créateurs et les spectateurs des comportements inappropriés et des contenus nuisibles. Comprendre et suivre ces directives est crucial pour réussir à développer une présence sur TikTok et monétiser ses vidéos de manière durable.

1. Les Principes Clés des Directives Communautaires

a. Liberté d'expression encadrée par la sécurité

TikTok permet aux créateurs de s'exprimer librement, mais tout contenu qui pourrait nuire à d'autres utilisateurs est restreint. Cela inclut les discours haineux, les comportements violents, le harcèlement et tout contenu encourageant des activités dangereuses.

b. Respect des autres utilisateurs

La courtoisie et le respect mutuel sont des piliers fondamentaux sur TikTok. Traitez les autres comme vous aimeriez être traité. Cela signifie que les insultes, la discrimination, et les attaques personnelles ne sont pas tolérées, qu'il s'agisse de simples commentaires ou de vidéos complètes.

c. Création de contenu éthique et responsable

Les vidéos doivent refléter une approche responsable, en tenant compte de l'impact que vos contenus peuvent avoir sur les autres. TikTok interdit strictement tout contenu mettant en avant la violence, l'automutilation, ou des comportements dangereux tels que les défis mettant en péril la sécurité des participants.

2. Modération et Gestion du Contenu

a. Suppression de contenu non conforme

TikTok supprime automatiquement tout contenu qui enfreint ses directives. Cela inclut, entre autres :

- Les vidéos présentant de la violence graphique, du contenu sexuel ou tout autre comportement inapproprié.
- Les contenus incitant à la haine ou aux discours discriminatoires, qu'ils soient directs ou implicites.

b. Contenu inéligible au flux "Pour Toi" (FYF)

Le flux "Pour Toi" est l'endroit où les créateurs peuvent atteindre un large public. Cependant, TikTok n'y fait apparaître que les contenus respectant ses normes. Les vidéos qui n'y répondent pas, même si elles ne sont pas supprimées, ne seront pas recommandées, ce qui réduit considérablement leur visibilité. Voici quelques raisons pour lesquelles une vidéo pourrait être inéligible :

- Non-respect des directives sur la nudité, même partielle.
- Utilisation de propos inappropriés ou de discours haineux déguisés.
- Contenus malveillants ou trompeurs (fake news, théories du complot, etc.).

3. Catégories de Contenus Restreints

Certaines catégories de contenu ne sont autorisées que pour les adultes et sont restreintes pour les mineurs. Ces catégories sont également inéligibles au FYF. Voici quelques exemples :

a. Nudité et contenu sexuellement explicite

Même si la culture de chaque pays varie en termes de perception de la nudité, TikTok adopte une position stricte à ce sujet. Toute vidéo qui montre de la nudité (y compris la nudité partielle, comme le fait de montrer uniquement des sous-vêtements) sera retirée ou restreinte à un public adulte.

b. Activités dangereuses et défis à risque

Les défis et activités extrêmes sont souvent viraux sur TikTok, mais si une vidéo présente un comportement risqué susceptible d'être imité, elle sera soit restreinte, soit retirée pour protéger les utilisateurs. Par exemple, les défis encourageant l'automutilation ou mettant la vie en danger sont interdits.

c. Contenus relatifs aux produits réglementés

TikTok interdit toute promotion de la vente ou consommation de substances réglementées telles que l'alcool, le tabac ou les drogues, en particulier pour les mineurs. Il est aussi interdit de publier des vidéos montrant la consommation excessive d'alcool ou l'usage de stupéfiants.

4. Comment Éviter les Violations des Règles

a. Restez authentique

Il est essentiel de rester authentique et de ne pas essayer de manipuler l'algorithme de TikTok avec des méthodes inappropriées (comme l'achat de faux abonnés ou faux likes). Toute tentative de tromper l'algorithme peut entraîner la suppression du contenu, voire un bannissement du compte.

b. Respectez les droits d'auteur

TikTok est très strict en matière de droits d'auteur. Utiliser des musiques, vidéos ou tout autre contenu protégé sans l'autorisation explicite du propriétaire peut entraîner la suppression de votre vidéo. Pour éviter cela, privilégiez les musiques et les contenus disponibles directement via la bibliothèque TikTok.

c. Utilisez des descriptions claires pour les contenus sensibles

Si vous créez du contenu qui pourrait être sensible ou mal interprété (comme des vidéos humoristiques utilisant des références culturelles), assurez-vous d'inclure une légende ou une étiquette claire qui en explique le contexte.

5. Conseils pour la Création de Contenu Sécurisé et Engageant

a. Accroche immédiate

Les premières secondes de votre vidéo sont cruciales pour capter l'attention des spectateurs et augmenter vos chances de viralité. Utilisez des effets visuels attrayants ou posez une question intrigante pour susciter l'engagement.

b. Respecter les mineurs

TikTok met en place des règles strictes concernant la protection des mineurs. Si vous publiez du contenu impliquant des enfants ou des adolescents, assurez-vous qu'il soit approprié et respectueux de leur vie privée. Toute vidéo jugée inappropriée (même implicitement) sera immédiatement retirée.

c. Adoptez des pratiques inclusives

Pour toucher un public large, soyez inclusif. Créez du contenu qui célèbre la diversité des cultures, des genres et des identités.

Évitez toute référence dénigrante ou discriminatoire, même sous couvert d'humour.

6. Quelles Sanctions en Cas de Non-Respect des Directives ?

TikTok peut imposer différentes sanctions en fonction de la gravité de l'infraction :

- **Suppression de la vidéo** : C'est la sanction la plus courante si la vidéo enfreint directement les règles communautaires.
- **Restriction du compte** : Votre compte peut être temporairement ou définitivement restreint de certaines fonctionnalités, comme la possibilité de publier de nouvelles vidéos ou d'interagir avec d'autres utilisateurs.
- **Bannissement permanent** : En cas de violations répétées ou graves, votre compte TikTok peut être banni définitivement, et il sera impossible de recréer un autre compte avec les mêmes informations.

Conclusion : L'Importance de Suivre les Règles pour Réussir

En respectant les directives communautaires, vous maximiserez vos chances de succès sur TikTok. Il est essentiel de créer un environnement respectueux, sécurisé et divertissant pour tous. En restant authentique, en évitant les contenus inappropriés et en suivant les règles de la plateforme, vous pourrez développer une audience fidèle, obtenir de la visibilité, et même monétiser vos vidéos en toute sécurité.

TikTok est devenu une plateforme très populaire pour les créateurs qui cherchent à monétiser leur contenu, notamment via le **TikTok Creator Fund** et d'autres méthodes de rémunération. Cependant, les options de monétisation ne sont pas disponibles dans tous les pays. Dans ce chapitre, nous allons examiner les pays éligibles à la monétisation sur TikTok, ainsi que des solutions pour les créateurs qui se trouvent dans des régions où ces options ne sont pas encore disponibles.

Liste des pays où TikTok permet la monétisation

Le **TikTok Creator Fund** est l'un des principaux programmes de monétisation proposés par la plateforme, qui permet aux créateurs de contenu de recevoir une compensation financière en fonction des performances de leurs vidéos (vues, likes, partages, etc.). Cependant, ce programme n'est pas encore disponible partout dans le monde. Voici les principaux pays où TikTok permet actuellement la monétisation via le **Creator Fund** :

1. **États-Unis**
2. **Royaume-Uni**
3. **France**
4. **Allemagne**
5. **Italie**
6. **Espagne**
7. **Canada** (sous conditions spécifiques)
8. **Australie**
9. **Nouvelle-Zélande**

Ces pays ont accès à un certain nombre de fonctionnalités de monétisation, y compris :

- **TikTok Creator Fund**
- **Cadeaux vidéo et Cadeaux LIVE** (les utilisateurs peuvent envoyer des cadeaux virtuels aux créateurs, qui peuvent ensuite être convertis en argent réel).
- **Pourboires directs** (sous certaines conditions).
- **TikTok Creator Marketplace** (permettant de collaborer avec des marques et des sponsors).

Pour les créateurs basés dans ces pays, il est relativement facile de postuler à ces programmes tant qu'ils respectent les critères d'éligibilité (nombre de followers, vues, respect des guidelines, etc.).

Conditions générales pour accéder à la monétisation via le TikTok Creator Fund

Les conditions d'éligibilité pour le **TikTok Creator Fund** varient légèrement d'un pays à l'autre, mais en général, voici les critères requis :

- **Avoir plus de 18 ans.**
- **Avoir au moins 10 000 abonnés.**
- **Avoir généré au moins 100 000 vues au cours des 30 derniers jours.**
- **Respecter les règles de la communauté** de TikTok (aucun contenu inapproprié ou dangereux).
- **Résider dans un pays éligible.**

Si vous remplissez ces conditions et que vous êtes basé dans un pays où le TikTok Creator Fund est actif, vous pouvez postuler directement via l'application TikTok dans la section **"Outils pour les créateurs"**.

Si vous êtes un créateur basé dans un pays où TikTok ne permet pas encore la monétisation via le **Creator Fund**, cela ne signifie pas que vous ne pouvez pas monétiser votre contenu. Voici plusieurs options pour contourner ce problème et générer des revenus malgré tout :

---

1. Recherche de sponsors et collaborations avec des marques

La monétisation directe via TikTok n'est pas la seule option pour gagner de l'argent. Les créateurs de contenu peuvent également chercher des **sponsors** et des **partenariats avec des marques**, même si leur pays n'est pas éligible au TikTok Creator Fund. Le programme **TikTok Creator Marketplace** est un excellent moyen de faciliter ces partenariats dans les pays où il est disponible, mais même s'il n'est pas accessible, vous pouvez approcher les marques directement.

Comment trouver des sponsors :

- **Construisez une audience engagée** : Plus votre audience est grande et engagée, plus les marques seront intéressées à collaborer avec vous.
- **Développez votre niche** : Les marques recherchent souvent des créateurs qui parlent à une audience spécifique (mode, beauté, fitness, technologie, etc.). Plus votre contenu est niché, plus il sera facile de trouver des sponsors alignés avec votre audience.
- **Approchez les marques directement** : Si vous identifiez une marque avec laquelle vous aimeriez travailler, contactez-la par email ou via les réseaux sociaux pour proposer une collaboration. N'oubliez pas de mettre en avant les statistiques de vos vidéos (vues, taux

d'engagement, followers) pour renforcer votre proposition.

Exemples de collaborations :

- Promotion de produits dans vos vidéos avec des liens vers la boutique en ligne de la marque.
- Organisation de concours ou de giveaways sponsorisés par la marque.
- Création de contenu personnalisé ou de challenges en partenariat avec des entreprises.

---

2. Vendre des produits ou des services

Si vous ne pouvez pas accéder aux programmes de monétisation de TikTok, une autre façon de gagner de l'argent est de **vendre vos propres produits ou services** à votre audience. Grâce à TikTok, il est facile de diriger vos abonnés vers une boutique en ligne ou une page de vente.

Exemples de produits et services à vendre :

- **Merchandising** : Vendre des vêtements, accessoires ou autres produits physiques liés à votre marque personnelle.
- **Produits numériques** : Si vous êtes un expert dans un domaine spécifique (par exemple, la photographie, le fitness, le marketing), vous pouvez vendre des ebooks, des formations en ligne, ou des consultations.
- **Services** : Offrir des services tels que du coaching, de la création de contenu sur mesure, ou même des conseils dans votre domaine d'expertise.

Conseil : Utilisez TikTok pour **présenter vos produits** et **rediriger vos abonnés** vers votre site web ou boutique en ligne. La section

bio de votre profil TikTok est un endroit stratégique pour insérer un lien vers vos services.

---

3. Utiliser des plateformes tierces pour monétiser

Même si TikTok n'offre pas la monétisation directe dans votre pays, vous pouvez toujours utiliser des **plateformes tierces** pour monétiser votre audience. Voici quelques exemples de plateformes qui permettent aux créateurs de gagner de l'argent en dehors des systèmes de monétisation traditionnels de TikTok :

- **Patreon** : Créez une communauté d'abonnés payants qui reçoivent du contenu exclusif en échange de leur soutien financier.
- **Ko-fi** : Une plateforme où vos abonnés peuvent vous "acheter un café" en faisant de petits dons pour soutenir votre travail.
- **YouTube** : Si vous êtes actif sur YouTube, vous pouvez rediriger vos abonnés TikTok vers votre chaîne YouTube pour y gagner des revenus publicitaires.

Ces plateformes peuvent être utilisées parallèlement à TikTok pour monétiser votre audience sans dépendre du TikTok Creator Fund ou d'autres programmes natifs.

Bien que TikTok ne permette pas encore la monétisation dans tous les pays, il existe de nombreuses solutions alternatives pour les créateurs basés dans des régions non éligibles. Les collaborations avec des marques, la vente de produits ou services, et l'utilisation de plateformes tierces sont toutes des options viables pour transformer votre présence sur TikTok en une source de revenus stable.

La clé du succès est de **développer une audience engagée** et de rester **créatif** dans les façons de monétiser votre contenu. Même sans accès direct au TikTok Creator Fund, vous pouvez toujours tirer parti de la plateforme pour atteindre vos objectifs financiers et professionnels.

Les thèmes porteurs sur TikTok

Pour réussir sur TikTok et maximiser vos chances de monétisation, il est essentiel de choisir un **créneau pertinent** qui correspond à la fois à vos **passions** et aux **intérêts populaires** sur la plateforme. Le choix de votre créneau déterminera le type d'audience que vous attirerez, la manière dont l'algorithme classera votre contenu, et les opportunités de partenariat avec des marques.

Dans ce chapitre, nous allons examiner les **thèmes populaires** sur TikTok et vous donner des conseils pour choisir un créneau qui non seulement vous passionne, mais qui attire également une audience large et engagée.

Les thèmes populaires sur TikTok

TikTok est une plateforme très diversifiée où de nombreux types de contenus prospèrent. Voici quelques-uns des **créneaux les plus populaires** et comment ils fonctionnent sur la plateforme :

---

1. Tutoriels et conseils pratiques

Les **tutoriels** sont parmi les contenus les plus populaires sur TikTok. Que ce soit pour apprendre un nouveau maquillage, des astuces de cuisine ou des conseils de montage vidéo, les utilisateurs adorent les vidéos qui leur apprennent quelque chose de nouveau en quelques secondes.

Exemples de tutoriels populaires :

- **Tutoriels beauté** (#BeautyTips, #MakeupTutorial)

- **Astuces de bricolage** (#DIYHacks, #LifeHacks)
- **Conseils financiers** (#FinanceTips, #Investing)
- **Tutoriels de cuisine rapide** (#CookingTips, #EasyRecipes)

Pourquoi choisir ce créneau ?
Les tutoriels fonctionnent bien sur TikTok parce qu'ils sont faciles à consommer et très utiles pour l'audience. En partageant des compétences pratiques, vous pouvez rapidement créer une communauté d'utilisateurs fidèles qui trouvent de la valeur dans votre contenu.

---

2. Vlogs de voyage et aventures

Les **vlogs de voyage** et les vidéos d'aventure sont également très populaires. TikTok est une plateforme visuelle, ce qui permet de partager des **paysages impressionnants**, des **expériences culturelles** uniques et des **moments inspirants** en seulement quelques secondes.

Exemples de contenus de voyage :

- **Destinations incontournables** (#TravelGoals, #Wanderlust)
- **Astuces pour voyager avec un petit budget** (#TravelTips)
- **Vlogs d'expériences locales** (#CulturalVlogs)

Pourquoi choisir ce créneau ?
Le voyage est un créneau visuellement captivant qui attire une audience large. Si vous aimez explorer de nouvelles destinations et documenter vos aventures, ce créneau vous permet de capturer l'imagination de milliers de spectateurs et de potentiellement collaborer avec des marques de voyage.

3. Fitness et bien-être

Le contenu **fitness** est une autre grande tendance sur TikTok, surtout avec l'essor des vidéos d'entraînement à domicile et des challenges de remise en forme. Si vous êtes passionné par la santé et le bien-être, le créneau fitness vous permet de partager des **conseils d'entraînement**, des **astuces de nutrition**, et des **routines d'exercices**.

Exemples de contenus fitness populaires :

- **Entraînements à domicile** (#HomeWorkout, #FitTok)
- **Conseils nutritionnels** (#HealthyEating, #FitnessTips)
- **Challenges fitness** (#GetFitChallenge, #30DayChallenge)

Pourquoi choisir ce créneau ?
Le fitness est un secteur en pleine croissance sur TikTok, et les utilisateurs adorent les **routines courtes et dynamiques**. Ce créneau est idéal pour attirer une audience fidèle, d'autant plus que les utilisateurs cherchent souvent à suivre des programmes sur le long terme.

---

4. Mode et tendances

La **mode** est l'un des créneaux les plus populaires sur TikTok, particulièrement chez les jeunes utilisateurs. Si vous avez un sens du style unique ou aimez suivre les dernières tendances, vous pouvez créer du contenu autour de **hauls de vêtements**, de **conseils de style**, ou même de **créations de looks inspirés** par des célébrités ou des séries.

Exemples de contenus mode populaires :

- **Hauls de vêtements** (#FashionHaul)
- **Conseils de style** (#OutfitIdeas, #StreetStyle)

- **Création de looks inspirés** (#OutfitInspo)

Pourquoi choisir ce créneau ?
TikTok est un espace visuel parfait pour montrer des tenues et partager vos conseils de mode. Vous pouvez également collaborer avec des marques de vêtements et des boutiques en ligne pour des **sponsorisations** ou des **partenariats d'affiliation**.

---

5. Gaming et streaming

Le **gaming** est un secteur en pleine expansion sur TikTok, avec de nombreux créateurs qui partagent des moments forts de jeux vidéo, des astuces de gameplay, ou encore des reviews de jeux. Si vous êtes un passionné de jeux vidéo, vous pouvez partager des contenus autour du gaming et même vous aventurer dans le streaming en direct.

Exemples de contenus gaming populaires :

- **Moments de gameplay** (#GamingTok, #EpicMoments)
- **Astuces et conseils de jeux vidéo** (#GameTips)
- **Lives de jeux vidéo** (#LiveGaming)

Pourquoi choisir ce créneau ?
Le gaming est une niche qui génère un haut niveau d'engagement et une communauté très passionnée. En partageant des **moments de jeu captivants** ou des astuces, vous pouvez attirer des gamers et même travailler avec des marques de jeux vidéo ou de matériel gaming.

---

6. Humour et sketches comiques

Les **sketches comiques** sont l'une des formes de contenu les plus virales sur TikTok. Si vous avez le sens de l'humour et un talent pour divertir les autres, vous pouvez créer des vidéos humoristiques qui ont un fort potentiel de partage.

Exemples de contenus comiques populaires :

- **Sketches rapides** (#ComedyTikTok, #Funny)
- **Parodies** (#Spoof, #Parody)
- **Mèmes visuels** (#MemeTok)

Pourquoi choisir ce créneau ?
Le contenu humoristique se prête parfaitement au format court de TikTok, et peut facilement devenir viral. Il est également plus facile de **collaborer avec des marques** qui recherchent des créateurs capables d'injecter un peu de fun dans leurs campagnes.

Conseils pour choisir un créneau qui correspond à vos passions tout en étant attractif pour une audience large

Lorsque vous choisissez un créneau, il est essentiel de trouver un équilibre entre ce que vous aimez faire et ce qui a le potentiel de captiver une large audience. Voici quelques conseils pour vous guider dans votre choix :

1. Identifiez vos passions et compétences

Commencez par réfléchir à ce qui vous passionne. Quels sont les sujets que vous aimez explorer et dans lesquels vous avez une expertise ? Plus vous êtes passionné par votre contenu, plus il sera authentique et engageant.

2. Analysez la demande sur TikTok

Ensuite, observez les **tendances actuelles** sur TikTok et vérifiez si votre créneau correspond à un sujet populaire. Consultez la page **"Découvrir"** pour voir quels hashtags et thèmes sont en vogue, et utilisez ces informations pour adapter votre contenu.

3. Testez différents types de contenu

N'ayez pas peur d'expérimenter. Vous pouvez commencer par créer du contenu dans plusieurs niches pour voir lequel résonne le mieux avec votre audience. Ensuite, vous pourrez affiner votre stratégie en fonction des vidéos qui génèrent le plus d'engagement.

4. Soyez cohérent

Une fois que vous avez choisi votre créneau, il est important de rester **cohérent**. Les utilisateurs s'attendent à ce que vous produisiez du contenu régulier dans le domaine que vous avez choisi. Cela contribue à fidéliser votre audience et à mieux vous positionner auprès de l'algorithme TikTok.

5. Trouvez votre voix unique

Même dans un créneau populaire, vous pouvez vous démarquer en trouvant une **approche unique**. Qu'il s'agisse de votre style de présentation, de votre humour, ou de vos compétences particulières, trouver ce qui vous rend différent vous permettra d'attirer une audience fidèle.

Choisir un créneau pertinent est une étape essentielle pour réussir sur TikTok et transformer votre contenu en une source de revenus. Que vous choisissiez de produire des **tutoriels pratiques**, des **vlogs de voyage**, du **contenu fitness**, ou des **vidéos comiques**, l'important est de rester aligné sur vos

passions tout en tenant compte des **tendances de la plateforme**.

En choisissant un créneau qui combine votre expertise et les centres d'intérêt populaires, vous maximiserez vos chances de créer un contenu viral, d'attirer une audience engagée, et d'ouvrir la voie à la monétisation.

Dans le prochain chapitre, nous aborderons comment **créer des vidéos virales** pour maximiser l'impact de votre contenu et accélérer votre croissance sur TikTok.

Sur TikTok, certains créneaux sont particulièrement **rentables** en raison de leur popularité et de leur potentiel de **monétisation**, que ce soit à travers des partenariats avec des marques, la vente de produits, ou des collaborations sponsorisées. Voici un aperçu des créneaux les plus lucratifs et pourquoi ils offrent des opportunités intéressantes pour les créateurs.

---

1. Mode et beauté

Le créneau **mode** et **beauté** est l'un des secteurs les plus rentables sur TikTok. Avec une audience principalement composée de jeunes utilisateurs passionnés par les tendances, ce créneau attire à la fois les marques et les influenceurs.

Pourquoi ce créneau est rentable :

- **Collaboration avec des marques** : Les créateurs de contenu dans la mode et la beauté sont fréquemment approchés par des marques pour des partenariats. Vous pouvez être payé pour promouvoir des vêtements, du maquillage, des produits de soins, ou des accessoires.
- **Marketing d'affiliation** : De nombreuses marques offrent des commissions pour les ventes générées par les liens d'affiliation dans vos vidéos.
- **Vente de produits propres** : Les créateurs peuvent lancer leurs propres lignes de vêtements ou produits de beauté, ce qui génère des revenus supplémentaires.

Exemples de contenu :

- **Hauls de vêtements** : Présenter les vêtements que vous avez achetés ou reçus.
- **Tutoriels de maquillage** : Apprendre aux utilisateurs à recréer des looks tendances.

---

2. Fitness et bien-être

Le secteur du **fitness** est un autre créneau très lucratif sur TikTok, surtout avec l'augmentation des contenus liés à la santé et au bien-être. Les vidéos de **workouts**, les conseils de nutrition, et les **challenges fitness** attirent une large audience motivée à améliorer leur mode de vie.

Pourquoi ce créneau est rentable :

- **Programmes d'entraînement payants** : De nombreux créateurs vendent des plans d'entraînement personnalisés ou des abonnements à des cours de fitness en ligne.
- **Partenariats avec des marques de fitness** : Vous pouvez collaborer avec des marques de vêtements de sport, des entreprises de suppléments nutritionnels, ou des fabricants d'équipements de fitness.
- **Sponsoring de challenges** : Les entreprises sponsorisent souvent des créateurs pour lancer des challenges fitness, ce qui attire une audience motivée.

Exemples de contenu :

- **Entraînements à domicile** : Montrer des routines d'exercice que les utilisateurs peuvent faire chez eux.
- **Transformation physique** : Partager des progrès et des transformations après une routine d'entraînement.

Hashtags populaires : #FitTok, #FitnessMotivation, #WorkoutTips

3. Technologie et gadgets

Le créneau de la **technologie** est en pleine expansion sur TikTok, notamment grâce aux vidéos de **déballage** (unboxing), aux **tests de produits** et aux revues de gadgets innovants. Ce domaine attire beaucoup de marques, prêtes à sponsoriser des créateurs capables de présenter efficacement leurs produits.

Pourquoi ce créneau est rentable :

- **Revue de produits sponsorisés** : Les marques technologiques paient souvent des créateurs pour tester et promouvoir leurs nouveaux produits (smartphones, ordinateurs, gadgets, etc.).
- **Marketing d'affiliation** : Les créateurs peuvent également gagner de l'argent en recommandant des gadgets via des liens d'affiliation qui génèrent des commissions pour chaque vente réalisée.
- **Vente de services numériques** : Certains créateurs dans ce créneau vendent également des formations en ligne ou des consultations technologiques.

Exemples de contenu :

- **Unboxing** : Déballage de nouveaux gadgets et produits high-tech.
- **Tutoriels tech** : Comment utiliser certains logiciels ou configurer du matériel électronique.

Hashtags populaires : #TechTok, #GadgetReviews, #Unboxing

---

4. Jeux vidéo (Gaming)

Le créneau du **gaming** est très populaire sur TikTok, avec une communauté engagée de joueurs qui partagent des moments forts de leurs parties, des astuces et des revues de jeux. Les créateurs dans ce domaine peuvent monétiser leur contenu grâce à des partenariats, des dons de la communauté, et du marketing d'affiliation.

Pourquoi ce créneau est rentable :

- **Sponsoring de jeux vidéo** : Les développeurs de jeux vidéo et les entreprises de matériel de gaming sponsorisent souvent des créateurs pour promouvoir leurs produits.
- **Streams en direct (Live)** : Les créateurs de gaming peuvent recevoir des dons pendant les diffusions en direct.
- **Vente de produits dérivés** : Certains créateurs vendent des produits dérivés liés à leurs streams ou à des jeux populaires.

Exemples de contenu :

- **Moments forts de gameplay** : Partager des clips de jeux ou des défis uniques.
- **Lives de gaming** : Diffuser en direct des sessions de jeu avec interaction en temps réel.

Hashtags populaires : #GamingTok, #GameReview, #LiveGaming

---

5. Cuisine et gastronomie

Le contenu culinaire, qu'il s'agisse de recettes rapides, de démonstrations culinaires ou de **challenges alimentaires**, est également très populaire sur TikTok. Les créateurs de ce créneau peuvent vendre des **livres de recettes**, des **kits culinaires**, ou collaborer avec des marques alimentaires.

Pourquoi ce créneau est rentable :

- **Partenariats avec des marques alimentaires** : Les marques de nourriture, d'ingrédients ou d'ustensiles sponsorisent souvent des vidéos où leurs produits sont utilisés.
- **Vente de produits alimentaires** : Les créateurs peuvent vendre leurs propres produits alimentaires ou kits de cuisine.
- **Contenu sponsorisé** : Créer des vidéos en partenariat avec des restaurants ou des services de livraison alimentaire.

Exemples de contenu :

- **Recettes rapides** : Préparation de repas simples et rapides.
- **Challenges alimentaires** : Participer à des challenges culinaires ou en créer de nouveaux.

Hashtags populaires : #FoodTikTok, #Tasty, #CookingHacks

---

6. Business et développement personnel

Les vidéos de **développement personnel** et de **conseils en business** attirent une audience qui cherche à améliorer ses compétences, sa carrière ou son bien-être financier. Si vous avez une expertise dans un domaine, ce créneau peut être très rentable.

Pourquoi ce créneau est rentable :

- **Vente de cours en ligne** : Vous pouvez vendre des formations sur le marketing, la gestion d'entreprise, le développement personnel, etc.
- **Partenariats avec des entreprises** : Les créateurs peuvent collaborer avec des plateformes éducatives ou des outils de productivité.
- **Coaching** : Les créateurs peuvent proposer des sessions de coaching individuel pour aider les gens à atteindre leurs objectifs.

Exemples de contenu :

- **Conseils de productivité** : Vidéos sur la gestion du temps, l'organisation et l'optimisation du travail.
- **Astuces de finance personnelle** : Conseils pour épargner, investir et gérer ses finances.

Hashtags populaires : #FinanceTok, #SelfImprovement, #EntrepreneurTok

---

7. Enfants et parentalité

Le créneau de la **parentalité** est en pleine expansion sur TikTok, avec des parents qui partagent des astuces sur l'éducation, des conseils pour les enfants, et des vidéos humoristiques sur les défis de la parentalité. Ce créneau attire des marques de produits pour enfants et des entreprises familiales.

Pourquoi ce créneau est rentable :

- **Partenariats avec des marques pour enfants** : Les créateurs peuvent collaborer avec des entreprises qui vendent des jouets, des vêtements pour enfants, ou des produits pour bébé.

- **Sponsoring de contenu éducatif** : Les créateurs peuvent proposer du contenu sponsorisé axé sur l'éducation des enfants.
- **Vente de produits pour enfants** : Les créateurs peuvent lancer leurs propres produits pour enfants, comme des jeux éducatifs ou des vêtements.

Exemples de contenu :

- **Astuces parentales** : Conseils sur l'éducation des enfants et astuces pour les nouveaux parents.
- **Moments humoristiques** : Vidéos amusantes sur les situations typiques de la parentalité.

Hashtags populaires : #ParentingTips, #MomTok, #DadTok

Les créneaux les plus rentables sur TikTok sont ceux qui combinent une **forte demande** de contenu, une **audience engagée**, et des **opportunités de partenariats** avec des marques. Que vous choisissiez de vous spécialiser dans la mode, le fitness, la technologie, ou la cuisine, l'essentiel est de créer un contenu authentique qui résonne avec votre audience tout en explorant des moyens créatifs de monétiser votre présence sur la plateforme.

Une fois que vous avez choisi votre créneau, il est important d'être **cohérent** dans votre création de contenu, de rester à l'affût des **tendances**, et d'adapter vos stratégies pour maximiser votre succès et vos opportunités de monétisation.

Une fois que vous avez choisi votre créneau, il est essentiel de savoir quel type de contenu fonctionne bien sur TikTok et comment l'adapter au **format court** de la plateforme tout en restant engageant. Ce chapitre vous propose des exemples de contenu populaire pour divers créneaux, ainsi que des conseils sur comment vous inspirer des créateurs à succès pour maximiser l'impact de vos vidéos.

---

1. Tech Reviews (Critiques et tests technologiques)

Les **critiques de produits technologiques** et les **unboxings** sont parmi les types de contenu les plus populaires sur TikTok pour les amateurs de gadgets et d'électronique. Ces vidéos attirent un public qui recherche des conseils sur l'achat de nouveaux produits et des démonstrations en direct.

Comment les adapter au format court :

- **Unboxing rapide** : Montrez l'ouverture d'un nouveau produit en 15 à 30 secondes, en mettant l'accent sur les éléments les plus excitants du gadget.
- **Comparaison directe** : Comparez deux produits similaires en les présentant côte à côte et en expliquant en quoi ils diffèrent, tout en restant concis.
- **Astuces et conseils d'utilisation** : Démontrez une fonctionnalité clé d'un produit avec une explication rapide, tout en incitant les utilisateurs à commenter pour plus d'astuces.

Conseil : Utilisez des titres accrocheurs comme **"Top 5 des fonctionnalités cachées"** ou **"Ce que vous ne saviez pas sur ce produit"** pour capter l'attention de l'audience dès le début.

Exemple de créateur à observer : Des comptes comme **@TechGadgets** et **@TechReviewTok** sont d'excellentes sources d'inspiration, car ils sont spécialisés dans le format court tout en apportant une valeur ajoutée à leurs abonnés.

---

2. Cooking Tutorials (Tutoriels de cuisine)

Les **tutoriels de cuisine** sont particulièrement populaires, car ils offrent à l'audience des recettes faciles et rapides à reproduire. Le contenu culinaire se prête bien au format de TikTok, avec des vidéos dynamiques qui montrent chaque étape d'une recette en quelques secondes.

Comment les adapter au format court :

- **Recettes en 30 secondes** : Choisissez des plats simples et montrez la préparation du début à la fin, en accélérant les parties moins intéressantes (comme la cuisson) pour rester dans un format rapide.
- **Astuces de cuisine** : Partagez des astuces de cuisine, comme comment éplucher rapidement un légume ou rendre une recette plus savoureuse avec un ingrédient spécial.
- **Transformations alimentaires** : Montrez un avant-après en transformant un ingrédient de base en un plat élaboré et appétissant.

Conseil : Utilisez un montage dynamique avec des effets visuels et des textes courts pour que l'audience puisse suivre la recette même sans le son.

Exemple de créateur à observer : Des comptes comme **@Tasty** et **@SimpleFoodTips** réussissent à rendre les tutoriels de cuisine rapides, esthétiques et faciles à suivre. Vous pouvez vous inspirer de leur façon de présenter les ingrédients et de simplifier chaque étape.

---

3. DIY (Do It Yourself)

Le **DIY** est un autre créneau très apprécié, car il permet aux utilisateurs de créer eux-mêmes des objets, des décorations, ou de réparer quelque chose chez eux. Les vidéos DIY sur TikTok doivent être simples, visuelles et démontrer une transformation impressionnante en peu de temps.

Comment les adapter au format court :

- **Avant-après** : Montrez un objet ou un espace avant et après une transformation grâce à votre projet DIY. L'effet de transformation attire toujours l'attention de l'audience.
- **Tutoriels rapides** : Décomposez un projet DIY en étapes simples, en accélérant les parties plus longues. Si le projet est complexe, divisez-le en plusieurs vidéos (série TikTok).
- **Astuces de bricolage** : Partagez des astuces pour améliorer les projets DIY ou pour rendre certains processus plus rapides et efficaces.

Conseil : Utilisez des hashtags populaires comme **#DIYHacks** et **#BeforeAndAfter** pour rejoindre la communauté DIY sur TikTok et toucher une audience plus large.

Exemple de créateur à observer : @DIYCrafts et **@BudgetDIY** partagent des projets DIY simples avec des matériaux accessibles, tout en les rendant captivants grâce à des montages rapides et des transformations étonnantes.

---

4. Fitness (Entraînement et bien-être)

Le contenu **fitness** sur TikTok est très engageant, notamment les vidéos courtes montrant des routines d'entraînement, des transformations physiques, ou des défis fitness. Les utilisateurs recherchent souvent des astuces pratiques pour rester en forme, et TikTok est un excellent moyen de montrer des **exercices efficaces** et **rapides**.

Comment les adapter au format court :

- **Routines d'entraînement rapides** : Montrez une série d'exercices dans une vidéo de 30 secondes, en expliquant brièvement les mouvements et leurs bienfaits.
- **Challenges fitness** : Participez à un **challenge viral** de remise en forme ou créez votre propre défi pour encourager votre audience à se joindre à vous.
- **Transformations physiques** : Publiez des vidéos avant-après pour montrer les résultats obtenus grâce à une routine d'entraînement spécifique.

Conseil : Utilisez des effets dynamiques et des transitions rapides pour rendre vos vidéos fitness plus captivantes et motivantes. Les effets sonores de haute intensité peuvent également amplifier l'impact visuel.

Exemple de créateur à observer : **@FitnessTok** et **@QuickWorkouts** sont des créateurs qui excellent à capturer des entraînements complets en quelques secondes tout en rendant leur contenu accessible à tous les niveaux.

---

5. Mode (Fashion)

Le contenu **mode** sur TikTok attire un large public, des jeunes à la recherche de tendances aux passionnés de style personnel. Les vidéos sur la mode doivent être visuelles et dynamiques, avec des looks qui changent rapidement pour capter l'attention des spectateurs.

Comment les adapter au format court :

- **Hauls de vêtements** : Montrez les vêtements que vous avez récemment achetés ou reçus, en passant rapidement d'un article à l'autre tout en expliquant pourquoi vous les aimez.
- **Transition de looks** : Utilisez des transitions créatives pour passer d'un look à un autre en quelques secondes, ce qui rend la vidéo plus engageante.
- **Tendances de la saison** : Montrez les tendances actuelles de la mode en expliquant comment vous les intégrez dans votre style personnel.

Conseil : Utilisez des transitions créatives et des filtres de TikTok pour rendre vos vidéos plus dynamiques. Par exemple, l'effet « transition par un saut » est populaire pour passer rapidement d'un look à un autre.

Exemple de créateur à observer : @OutfitInspo et **@FashionTok** montrent comment transformer un simple haul en une vidéo captivante avec des effets rapides et des choix de mode audacieux.

---

6. Gaming

Le contenu **gaming** sur TikTok a explosé en popularité, avec des millions de créateurs qui partagent des moments de gameplay, des astuces de jeu, ou des montages humoristiques autour de leurs jeux préférés. Ce type de contenu est parfait pour capturer l'attention des fans de jeux vidéo, qui recherchent souvent des informations courtes et captivantes.

Comment les adapter au format court :

- **Moments forts de gameplay** : Montrez les moments les plus excitants ou amusants de vos sessions de jeu en quelques secondes.
- **Astuces rapides** : Partagez une astuce ou un secret de jeu que peu de joueurs connaissent, ce qui peut attirer une audience fidèle.
- **Défis gaming** : Participez à un défi viral de jeu ou créez votre propre défi pour engager votre communauté.

Conseil : Utilisez des textes courts et clairs pour expliquer ce qui se passe dans le jeu, surtout pour les utilisateurs qui ne connaissent peut-être pas le jeu en question. Combinez cela avec des effets sonores immersifs pour rendre votre vidéo plus attrayante.

Exemple de créateur à observer : @GamingTok et **@GameHacks** montrent des montages de moments de gameplay captivants tout en partageant des astuces qui permettent de fidéliser l'audience.

Comment observer et s'inspirer des créateurs à succès dans votre créneau

Sur TikTok, il est crucial de **s'inspirer** des créateurs à succès dans votre créneau pour comprendre ce qui fonctionne et comment adapter ces stratégies à votre propre contenu.

1. Analysez les vidéos populaires

Observez les vidéos des créateurs à succès et analysez ce qui rend leur contenu viral. Regardez les **transitions**, les **effets visuels**, la **musique** qu'ils utilisent, ainsi que la **durée des vidéos**.

2. Participez aux tendances

Les créateurs à succès participent souvent aux **challenges viraux** et tendances de TikTok. Intégrer ces éléments dans votre contenu peut augmenter vos chances d'apparaître sur la page **Pour Toi**.

3. Interagissez avec votre audience

Un autre facteur clé de la réussite des créateurs à succès sur TikTok est leur capacité à **interagir régulièrement avec leur audience**. Une audience engagée est plus susceptible de revenir sur votre profil, de regarder vos futures vidéos et de participer activement à vos challenges ou discussions.

Comment vous inspirer :

- **Répondez aux commentaires** : Les créateurs populaires passent du temps à répondre aux commentaires de leurs abonnés, ce qui montre qu'ils sont à l'écoute et valorisent leur communauté.
- **Créez des vidéos réponses** : Une fonctionnalité très utilisée par les créateurs consiste à **répondre aux commentaires en vidéo**. Cela permet non seulement de créer du nouveau contenu, mais aussi de montrer à votre audience que vous êtes attentif à leurs questions ou suggestions.
- **Utilisez des sondages ou des questions** : Les créateurs à succès incitent souvent leur audience à interagir avec eux via des questions ou des sondages dans leurs vidéos. Cela permet de mieux comprendre ce que l'audience souhaite voir et d'adapter son contenu en conséquence.

4. Testez et ajustez constamment votre contenu

Les créateurs à succès ne cessent jamais d'expérimenter. Ils testent différents formats, sujets, et approches pour voir ce qui fonctionne le mieux. En analysant leurs méthodes, vous pouvez appliquer la même stratégie.

Comment vous inspirer :

- **Analysez les performances** : Utilisez les outils d'analyse de TikTok pour observer quelles vidéos génèrent le plus d'engagement, et ajustez vos prochaines vidéos en conséquence.
- **Suivez les nouvelles tendances** : Restez à l'affût des tendances émergentes. Parfois, un format ou un type de vidéo qui ne fonctionnait pas auparavant peut soudainement devenir populaire.
- **Diversifiez votre contenu** : Ne restez pas enfermé dans un seul format. Même si vous avez trouvé un créneau, essayez de varier les vidéos pour tester ce que préfère votre audience.

---

5. Collaborez avec d'autres créateurs

Les créateurs à succès sur TikTok collaborent souvent avec d'autres influenceurs pour augmenter leur visibilité. En partageant votre audience avec un autre créateur, vous pouvez toucher un nouveau groupe d'utilisateurs.

Comment vous inspirer :

- **Duets et collaborations** : Les **duos** sont une excellente manière de collaborer avec un autre créateur tout en restant fidèle à votre style. Faites des duos avec des créateurs qui évoluent dans le même créneau ou qui ont un style complémentaire au vôtre.

- **Participer à des challenges en collaboration** : Créez ou participez à des challenges en partenariat avec d'autres créateurs pour maximiser la portée de votre contenu. Les audiences respectives de chaque créateur seront plus enclines à découvrir de nouveaux talents.

En observant et en vous inspirant des créateurs à succès, vous pouvez non seulement améliorer vos compétences sur TikTok, mais aussi identifier les éléments qui captivent l'audience. L'analyse des vidéos populaires, la participation aux tendances, l'engagement avec votre communauté, et la collaboration avec d'autres créateurs vous permettront d'améliorer votre contenu et d'augmenter vos chances de succès sur la plateforme.

Le prochain chapitre abordera **la création de vidéos virales** et comment maximiser votre potentiel de visibilité grâce à des stratégies éprouvées.

Comment maximiser l'engagement

Maximiser l'engagement des vidéos sur TikTok est essentiel pour augmenter leur visibilité et attirer une audience plus large. L'engagement (likes, commentaires, partages, vues) est un facteur clé que l'algorithme de TikTok utilise pour décider quelles vidéos seront promues sur la **page "Pour Toi"** (For You Page). Voici des stratégies détaillées pour maximiser l'engagement de vos vidéos et maintenir une audience engagée.

1. Créer des vidéos courtes et percutantes

TikTok est une plateforme de **contenu rapide**, et la plupart des utilisateurs passent à la vidéo suivante en quelques secondes s'ils ne sont pas immédiatement captivés. Il est donc crucial de capter l'attention dès les premières secondes.

Comment faire :

- **Commencez fort** : Les 3 premières secondes sont déterminantes pour retenir l'audience. Utilisez un élément visuel, un titre accrocheur, ou une action immédiate pour les captiver.
- **Concentrez-vous sur un point clé** : Évitez de trop vous disperser dans votre vidéo. Choisissez un seul sujet ou un seul objectif pour la vidéo, et soyez concis.
- **Utilisez des transitions dynamiques** : Des coupes rapides, des effets visuels et des transitions dynamiques permettent de garder l'intérêt des utilisateurs tout au long de la vidéo.

Exemple : Si vous créez un tutoriel rapide, commencez par montrer l'effet final de ce que vous allez enseigner pour piquer la curiosité des spectateurs.

---

2. Utiliser des appels à l'action (Call to Action)

Inciter les spectateurs à **interagir** avec votre vidéo est un excellent moyen d'augmenter l'engagement. Demander à l'audience d'aimer, commenter, partager ou suivre peut sembler simple, mais cela fonctionne efficacement si c'est fait de manière naturelle.

Comment faire :

- **Demandez des réactions** : Terminez vos vidéos avec un appel à l'action, comme "Qu'en pensez-vous ?", "Like si tu es d'accord !" ou "Tague un ami qui devrait voir ça".

- **Utilisez des commentaires de la communauté** : Répondez à un commentaire d'un utilisateur en créant une nouvelle vidéo qui apporte plus de détails. Cela incite les autres à commenter davantage pour obtenir une réponse.
- **Encouragez les partages** : Pour les vidéos éducatives ou inspirantes, terminez avec un appel du type "Partage avec quelqu'un qui a besoin de savoir ça !".

Exemple : "Si tu veux plus de conseils, like cette vidéo et abonne-toi pour ne rien manquer !"

---

3. Créer du contenu interactif et engageant

Les utilisateurs de TikTok aiment être actifs dans le processus de création. Ils apprécient les contenus où ils peuvent participer d'une manière ou d'une autre.

Comment faire :

- **Lancer des challenges** : Créer un **challenge viral** autour d'une danse, d'un son ou d'un thème particulier est une excellente manière de stimuler l'engagement. Encouragez vos abonnés à participer et à utiliser votre hashtag.
- **Poser des questions** : Invitez vos spectateurs à répondre dans les commentaires. Par exemple, si vous présentez un produit, demandez "Quel est votre gadget préféré ?" ou "Quel est votre plat préféré ?".
- **Encourager les duos et les réponses vidéo** : Créez des vidéos faciles à **dupliquer en duo** ou qui incitent à des réponses vidéos. Cela augmente vos chances d'être partagé et découvert par une nouvelle audience.

Exemple : Lancer un challenge de fitness où les utilisateurs doivent reproduire un exercice ou une routine courte en utilisant votre hashtag personnel.

---

4. Publier régulièrement et au bon moment

La **régularité** est un facteur crucial pour maintenir l'engagement de votre audience. Les utilisateurs fidèles s'attendent à voir du contenu régulier, et l'algorithme favorise les créateurs qui publient souvent. De plus, poster au bon moment peut vous permettre d'atteindre une plus grande audience dès la publication.

Comment faire :

- **Développez un calendrier de publication** : Essayez de publier au moins une vidéo par jour, voire deux, pour garder votre audience engagée.
- **Publiez aux heures de pointe** : Les moments où votre audience est la plus active varient, mais en général, **le matin** et **en fin de journée** sont des moments propices pour atteindre une large audience. Utilisez les **statistiques TikTok** pour analyser les heures où vos abonnés sont en ligne.
- **Surveillez les performances des vidéos** : Si une vidéo commence à bien fonctionner, vous pouvez publier des vidéos similaires ou dans la continuité pour profiter de l'élan.

Conseil : Utilisez les outils d'analyse de TikTok (disponibles pour les comptes Pro) pour voir les moments où vos vidéos obtiennent le plus d'engagement et ajustez vos horaires de publication en conséquence.

---

5. Suivre et participer aux tendances

Les tendances TikTok (musiques, effets, challenges) sont un excellent moyen d'augmenter la visibilité et l'engagement. Les vidéos qui surfent sur une tendance ont de grandes chances d'être mises en avant par l'algorithme et d'atteindre une audience plus large.

Comment faire :

- **Utilisez des sons populaires** : Intégrer un son ou une musique tendance dans vos vidéos peut rapidement augmenter leur visibilité.
- **Rejoignez des challenges viraux** : Participer à un challenge populaire tout en apportant votre propre style peut vous aider à capter l'attention des utilisateurs. Utilisez les **hashtags associés** pour augmenter vos chances d'apparaître sur la page **Pour Toi**.
- **Utilisez des filtres et effets populaires** : Les effets visuels tendance sont aussi souvent mis en avant par TikTok. Adaptez-les à votre contenu pour le rendre plus dynamique et attrayant.

Exemple : Si une chanson est en tête des tendances, utilisez-la comme fond sonore pour votre prochaine vidéo, même si ce n'est pas un contenu musical. Cela peut attirer une audience à la recherche de cette tendance.

---

6. Utiliser des hashtags pertinents

Les hashtags permettent à votre vidéo de toucher une audience plus large, notamment via les recherches. L'algorithme de TikTok utilise également les hashtags pour classer vos vidéos et les recommander à des utilisateurs intéressés par ce sujet.

Comment faire :

- **Utilisez des hashtags de niche et populaires** : Combinez des hashtags populaires comme #FYP ou #PourToi avec des hashtags de niche spécifiques à votre vidéo. Par exemple, si vous faites une vidéo de fitness, ajoutez des hashtags comme #FitnessTips ou #HomeWorkout en plus de #FYP.
- **Créez votre propre hashtag** : Si vous lancez un challenge ou une série de vidéos, créez un **hashtag unique** que les utilisateurs peuvent suivre ou utiliser pour interagir avec vous.
- **Évitez de surcharger** : Utiliser trop de hashtags peut diluer l'impact de votre vidéo. Limitez-vous à 3 à 5 hashtags pertinents par vidéo.

Exemple : Si vous publiez un tutoriel de maquillage, utilisez des hashtags comme #BeautyTips, #MakeupHacks, et #Tutorial en combinaison avec des hashtags plus larges comme #FYP.

---

7. Utiliser les TikTok LIVE pour interagir en temps réel

Le **live streaming** sur TikTok est une excellente façon de **créer une relation directe** avec votre audience, en répondant à leurs questions et en ayant une interaction instantanée. TikTok favorise les vidéos en direct, et cela permet également à vos abonnés de recevoir des notifications lorsque vous êtes en ligne.

Comment faire :

- **Organisez des lives réguliers** : Faites un live chaque semaine pour discuter avec votre communauté, partager du contenu exclusif ou répondre à des questions.

- **Créez des événements spéciaux** : Organisez des événements interactifs en direct comme des sessions de questions-réponses, des défis ou des tutoriels en temps réel.
- **Encouragez les interactions en direct** : Posez des questions, incitez les spectateurs à envoyer des cadeaux virtuels ou à partager vos lives avec d'autres.

Exemple : Si vous êtes un créateur de contenu culinaire, vous pouvez faire des lives où vous cuisinez en temps réel, en interagissant avec votre public qui peut poser des questions ou demander des alternatives pendant la session.

---

8. Collaborer avec d'autres créateurs

Les collaborations sont un excellent moyen d'attirer une nouvelle audience et d'augmenter l'engagement. Travailler avec d'autres créateurs peut également vous permettre d'élargir votre portée et d'accéder à une communauté plus large.

Comment faire :

- **Faites des duos** : Utilisez la fonctionnalité **duo** pour réagir ou collaborer avec des vidéos populaires. Cela peut attirer les abonnés du créateur original vers votre compte.
- **Participez à des challenges croisés** : Collaborez avec d'autres créateurs pour lancer des **challenges** ensemble, augmentant ainsi les chances de viralité.
- **Répondre à d'autres créateurs** : Créez des vidéos en réponse à des vidéos populaires dans votre créneau, en ajoutant votre propre touche ou en offrant des conseils supplémentaires.

Exemple : Collaborez avec un créateur dans le même créneau que vous pour co-créer un challenge ou faire un duo humoristique.

Développer une audience et obtenir 10 000 abonnés

Atteindre les **10 000 abonnés** sur TikTok est une étape cruciale pour débloquer des opportunités de monétisation et gagner en visibilité sur la plateforme. Dans ce chapitre, nous allons explorer plusieurs stratégies efficaces pour vous aider à accélérer cette croissance. Vous apprendrez à utiliser des **hashtags tendance**, à publier à des **moments stratégiques** en fonction des algorithmes de TikTok, et à **collaborer avec d'autres créateurs** pour atteindre une audience plus large.

---

7. Stratégies de croissance

Utiliser les hashtags tendance et pertinents

Les hashtags sont un outil essentiel pour toucher une audience plus large sur TikTok. Ils permettent à votre contenu d'apparaître dans les recherches et d'être découvert par des utilisateurs qui ne vous suivent pas encore. Cependant, pour maximiser leur efficacité, il est crucial de savoir comment choisir et utiliser les hashtags pertinents.

Comment utiliser les hashtags pour booster la croissance :

1. **Identifiez les hashtags tendance** : TikTok met en avant les hashtags populaires sur la page **Découvrir** (Discover). En participant aux tendances actuelles en utilisant ces hashtags, vous augmentez les chances que votre vidéo apparaisse sur la page **Pour Toi**.

   Exemple : Si un challenge ou une danse virale utilise un hashtag spécifique, comme #TikTokChallenge, intégrez-le dans votre vidéo tout en ajoutant votre propre touche personnelle.

2. **Mélangez hashtags populaires et de niche** : Les hashtags populaires comme #FYP ou #ForYouPage sont souvent utilisés pour tenter d'atteindre une audience large. Toutefois, ajouter des **hashtags de niche** spécifiques à votre créneau vous permet de cibler les bons utilisateurs. Par exemple, si vous êtes dans le domaine du fitness, utilisez des hashtags comme #FitnessGoals ou #HomeWorkout en plus des hashtags généraux.

3. **Créez des hashtags uniques** : Si vous lancez un challenge ou une série de vidéos, pensez à créer votre propre hashtag personnalisé. Cela vous aidera à créer une communauté autour de votre contenu et à suivre facilement les utilisateurs qui participent à vos challenges.

4. **Optimisez l'utilisation des hashtags** : Limitez-vous à 3 à 5 hashtags par vidéo. En utilisant trop de hashtags, vous risquez de diluer l'impact de votre message. Choisissez ceux qui sont les plus pertinents pour le sujet de votre vidéo.

Poster à des moments stratégiques

La **régularité de publication** et le **timing** sont des facteurs clés pour maximiser la portée de vos vidéos. En publiant vos vidéos lorsque votre audience est la plus active, vous augmentez les chances d'obtenir plus de vues et d'engagement.

Comment fonctionne l'algorithme de TikTok :

- **L'algorithme de TikTok analyse en temps réel les performances de vos vidéos** : Il prend en compte des facteurs comme le **taux de rétention** (combien de temps les utilisateurs regardent la vidéo), le **taux d'interaction** (likes, commentaires, partages), et le **taux de conversion** (nombre d'abonnés gagnés après la visualisation).

- **Plus votre vidéo obtient d'engagement rapidement, plus elle sera diffusée à un public large** : L'algorithme teste d'abord votre vidéo auprès d'un petit groupe d'utilisateurs. Si elle reçoit des réactions positives, elle sera ensuite montrée à un public plus large.

Conseils pour poster à des moments stratégiques :

1. **Analysez les moments où votre audience est active** : Si vous avez un compte TikTok Pro, vous pouvez accéder à des statistiques qui vous montrent les heures où vos abonnés sont les plus actifs. Utilisez ces données pour programmer vos publications.

   Exemple : Si votre audience est principalement active entre 18h et 21h, publiez vos vidéos juste avant cette période pour maximiser l'exposition.

2. **Postez en fonction des fuseaux horaires** : Si vous avez une audience internationale, prenez en compte les différents fuseaux horaires. Si vous visez une audience américaine et européenne, vous devrez adapter vos heures de publication pour correspondre à ces zones.

3. **Évitez de poster trop fréquemment au début** : Si vous êtes nouveau sur TikTok, publier trop souvent peut diluer votre engagement. Il vaut mieux publier une ou deux vidéos de qualité par jour plutôt que de surcharger votre flux de vidéos.

4. **Utilisez des heures de publication stratégiques pour des challenges** : Si vous participez à un challenge tendance, essayez de publier vos vidéos aux moments où la participation est la plus élevée. Cela augmentera vos chances de visibilité.

Collaborer avec d'autres créateurs pour gagner en visibilité

Les collaborations sur TikTok sont un excellent moyen d'**étendre votre audience** et d'atteindre rapidement le seuil des 10 000 abonnés. Collaborer avec d'autres créateurs vous permet de **toucher leur base de followers**, ce qui peut entraîner une augmentation significative du nombre d'abonnés.

Pourquoi les collaborations sont efficaces :

- **Visibilité croisée** : Lorsque vous collaborez avec un créateur, votre vidéo est exposée à son audience. Si cette dernière trouve votre contenu intéressant, elle sera plus encline à s'abonner à votre compte.
- **L'algorithme favorise les interactions** : Les duos, réponses vidéo, et collaborations entre créateurs génèrent souvent un taux d'engagement plus élevé, car les utilisateurs adorent voir leurs créateurs préférés travailler ensemble.

Comment collaborer avec d'autres créateurs :

1. **Faites des duos ou des réponses vidéo** : TikTok offre une fonctionnalité simple qui permet de créer des vidéos en **duo** ou de répondre à une vidéo avec une autre vidéo. C'est une excellente façon d'interagir avec des créateurs plus établis ou de participer à des tendances en collaborant indirectement.

   Exemple : Si un créateur fait un challenge ou un tutoriel, vous pouvez faire un duo en recréant ou commentant sa vidéo.

2. **Recherchez des créateurs dans votre niche** : Trouvez des créateurs qui évoluent dans le même créneau que vous (mode, fitness, beauté, etc.) et proposez une collaboration. Vous pouvez lancer un challenge

ensemble, faire une série de vidéos ou simplement commenter et interagir avec leurs contenus.

3. **Participez à des challenges collaboratifs** : Certains challenges encouragent les créateurs à travailler ensemble. Cela peut inclure des vidéos interactives ou des transitions créatives où plusieurs créateurs participent.

4. **Invitez des créateurs à participer à vos challenges** : Si vous avez lancé un challenge ou une série, invitez d'autres créateurs à y participer. Cela peut encourager leurs abonnés à découvrir votre contenu.

Atteindre **10 000 abonnés** sur TikTok demande une combinaison de **stratégies intelligentes** et de **contenu engageant**. En utilisant des **hashtags pertinents**, en publiant à des moments stratégiques en fonction de l'algorithme de TikTok, et en **collaborant avec d'autres créateurs**, vous pouvez augmenter rapidement votre visibilité et attirer de nouveaux abonnés. L'objectif est de créer une communauté fidèle tout en restant flexible et en adaptant vos techniques à mesure que vous grandissez sur la plateforme.

Dans le prochain chapitre, nous examinerons comment maintenir et nourrir votre audience pour assurer une croissance continue au-delà des 10 000 abonnés.

Organiser une **collaboration efficace** sur TikTok est un excellent moyen de **gagner en visibilité**, de **fidéliser votre audience** et d'atteindre une nouvelle base de followers. Pour que cette collaboration soit réussie, elle doit être bien planifiée, alignée avec vos objectifs, et offrir une valeur ajoutée à vos audiences respectives. Voici un guide détaillé pour organiser une collaboration TikTok réussie.

---

1. Choisir le bon partenaire pour la collaboration

Le choix du créateur ou de la marque avec laquelle vous allez collaborer est crucial pour le succès de la collaboration. Il est important que votre partenaire partage des valeurs similaires et que vos audiences soient compatibles.

Comment choisir le bon partenaire :

- **Identifiez des créateurs dans votre niche** : Si vous êtes dans la mode, la beauté, le fitness, ou un autre créneau spécifique, cherchez des créateurs qui partagent des intérêts similaires. Cela garantit que vos contenus sont complémentaires et que les abonnés de l'autre créateur seront également intéressés par votre contenu.

  Exemple : Si vous faites du contenu beauté, collaborer avec un créateur spécialisé dans le skincare ou le maquillage peut être pertinent.

- **Évaluez la compatibilité de l'audience** : Assurez-vous que l'audience de votre collaborateur est similaire à la vôtre en termes de centres d'intérêt et de comportements. Plus l'audience est compatible, plus les chances sont grandes que la collaboration ait un impact positif.

- **Vérifiez l'engagement de votre partenaire** : Plus que le nombre de followers, regardez le **taux d'engagement** (likes, commentaires, partages) de votre potentiel collaborateur. Un créateur avec une petite audience mais très engagée peut avoir plus d'impact qu'un créateur avec des millions de followers peu actifs.

Conseil : Vous pouvez commencer par collaborer avec des créateurs de votre taille pour augmenter progressivement votre visibilité avant de cibler des créateurs plus importants.

---

2. Planifier le format de la collaboration

Une fois que vous avez identifié un partenaire, il est temps de déterminer le **format** de la collaboration. Cela dépendra du type de contenu que vous souhaitez créer et de la manière dont vous voulez que votre collaboration soit perçue par vos audiences.

Formats de collaboration populaires :

- **Duos TikTok** : La fonctionnalité de **duo** permet à deux créateurs de partager l'écran. Vous pouvez réagir à une vidéo, participer à un challenge ensemble, ou recréer une vidéo en y ajoutant votre propre touche.

  Exemple : Si votre partenaire crée une routine de maquillage, vous pouvez ajouter vos commentaires ou effectuer la même routine en duo.

- **Réponses vidéo** : Une autre manière de collaborer est de répondre à la vidéo d'un créateur avec la vôtre. Cela permet de créer une série de vidéos interactives qui incitent les utilisateurs à suivre le dialogue.

- **Challenges collaboratifs** : Lancer un **challenge** en partenariat avec un autre créateur est un excellent moyen d'attirer l'attention et de faire participer les deux audiences. Vous pouvez encourager vos abonnés à recréer une danse, une routine, ou une astuce.

  Exemple : Vous et votre collaborateur pouvez lancer un challenge fitness où vos abonnés doivent reproduire un entraînement que vous montrez tous les deux dans des vidéos distinctes.

- **Séries de vidéos** : Collaborez sur une série de vidéos en abordant différents aspects d'un même sujet ou en se lançant des défis l'un à l'autre. Cela incite les utilisateurs à suivre les deux créateurs pour ne manquer aucune partie de la série.

3. Communiquer clairement les attentes

Une bonne collaboration nécessite une **communication fluide** entre vous et votre partenaire pour que tout le monde soit sur la même longueur d'onde. Cela inclut la planification du contenu, les objectifs, et la manière dont vous allez promouvoir la collaboration.

Points importants à clarifier :

- **Objectifs de la collaboration** : Discutez avec votre partenaire des objectifs de la collaboration. Cherchez-vous à augmenter le nombre d'abonnés ? À promouvoir un produit ou service ? À participer à un challenge ? Assurez-vous que vos objectifs sont alignés.
- **Calendrier de publication** : Décidez des **dates de publication**. Il est important de publier les vidéos de la collaboration au même moment ou dans une période

proche pour maximiser l'impact et encourager les utilisateurs à suivre les deux comptes.

- **Tâches et responsabilités** : Décidez qui fait quoi dans la collaboration. Si vous créez un duo, assurez-vous que chacun sait quel rôle jouer dans la vidéo. Si vous créez un challenge, définissez les étapes que chaque créateur devra suivre.

Conseil : Utilisez des outils de communication comme **Google Drive** ou **Notion** pour organiser vos idées, partager des brouillons, et garder une trace des deadlines.

---

4. Créer du contenu engageant et authentique

Pour maximiser l'impact de votre collaboration, le contenu doit être engageant, **authentique**, et aligné sur les intérêts de votre audience. Les vidéos qui semblent trop "commerciales" ou forcées risquent de ne pas obtenir le même engagement que du contenu naturel et spontané.

Comment créer du contenu engageant :

- **Gardez votre touche personnelle** : Bien que vous travailliez avec un autre créateur, il est important de conserver votre style et votre identité visuelle. Vos abonnés sont là pour votre personnalité, alors restez fidèle à vous-même tout en vous adaptant au format de la collaboration.
- **Misez sur la créativité** : Les collaborations réussies sur TikTok impliquent souvent des concepts créatifs ou uniques. Essayez de penser en dehors des sentiers battus et proposez une idée de vidéo qui surprendra vos abonnés.
- **Encouragez l'interaction** : Demandez à vos abonnés de commenter, de partager ou de participer à un challenge.

Plus il y a d'interaction, plus l'algorithme de TikTok mettra votre vidéo en avant.

Exemple : Vous pourriez demander à vos abonnés d'ajouter un commentaire sous la vidéo pour suggérer une idée pour la prochaine collaboration, ou créer un hashtag personnalisé pour le challenge.

---

5. Promouvoir activement la collaboration

Pour que votre collaboration soit efficace, il est essentiel de **promouvoir activement** le contenu sur vos différents canaux et d'encourager vos abonnés à participer et à partager.

Stratégies de promotion :

- **Teaser la collaboration** : Avant de publier la vidéo, vous pouvez créer un **teaser** pour générer de l'anticipation chez votre audience. Cela peut être une vidéo courte où vous donnez un aperçu de ce qui arrive.
- **Utiliser plusieurs plateformes** : Partagez la collaboration sur vos autres réseaux sociaux (Instagram, Twitter, etc.) pour attirer plus de vues. Vous pouvez aussi inviter vos abonnés d'autres plateformes à suivre le challenge ou à découvrir le duo sur TikTok.
- **Soutenez-vous mutuellement** : Partagez la vidéo de votre partenaire avec vos abonnés et encouragez votre partenaire à faire de même. Cela montre que vous êtes tous les deux engagés dans le projet et renforce l'impact de la collaboration.

---

6. Mesurer les résultats de la collaboration

Une fois la collaboration publiée, il est important de mesurer son efficacité pour voir ce qui a fonctionné et ce qui peut être amélioré pour les futures collaborations.

Comment mesurer le succès :

- **Analyse des statistiques** : Utilisez les outils analytiques de TikTok pour suivre le nombre de vues, likes, partages, et commentaires générés par la collaboration. Regardez également combien d'abonnés vous avez gagnés pendant et après la collaboration.
- **Engagement par rapport aux objectifs** : Comparez les résultats obtenus avec les objectifs que vous aviez fixés au début. Si vous cherchiez à augmenter vos abonnés, combien en avez-vous gagné grâce à cette collaboration ?
- **Retour d'expérience** : Discutez avec votre collaborateur pour voir ce qui a bien fonctionné et ce qui pourrait être amélioré pour les prochaines collaborations. Cela vous aidera à affiner vos stratégies.

Exemple : Si vous avez lancé un challenge collaboratif, regardez combien de personnes y ont participé en utilisant votre hashtag, et quelles vidéos ont le plus suscité d'engagement.

Une **collaboration efficace** sur TikTok repose sur le choix d'un partenaire compatible, une communication claire, un contenu engageant, et une promotion active. En suivant ces étapes, vous pouvez non seulement gagner en visibilité, mais aussi développer une relation durable avec d'autres créateurs, ce qui peut ouvrir la porte à de futures collaborations encore plus fructueuses.

Le succès de la collaboration ne se mesure pas seulement en termes de nouveaux abonnés, mais aussi par l'engagement de votre audience et par la qualité du contenu créé. Planifiez soigneusement, soyez créatif, et surtout, amusez-vous avec votre partenaire pour offrir à vos abonnés une expérience authentique et divertissante.

L'engagement est l'un des **principaux facteurs** qui détermine le succès de vos vidéos sur TikTok. Plus une vidéo reçoit de **likes**, de **commentaires**, de **partages**, et d'**interactions**, plus elle est susceptible d'apparaître sur la page **Pour Toi** et d'attirer de nouveaux abonnés. Dans ce chapitre, nous allons explorer différentes stratégies pour maximiser l'engagement de vos vidéos, en utilisant des appels à l'action, des sondages interactifs, et l'importance de répondre à votre audience.

Importance des appels à l'action

Les **appels à l'action** (Call-to-Action ou CTA) sont des incitations claires à l'interaction que vous donnez à vos spectateurs à la fin ou même pendant vos vidéos. Ils jouent un rôle crucial dans la génération d'engagement, car ils encouragent les utilisateurs à effectuer une action spécifique comme **aimer**, **commenter**, **partager** ou **s'abonner**.

Comment utiliser les appels à l'action pour maximiser l'engagement :

1. **Encouragez les abonnements** : Pour augmenter le nombre de vos abonnés, il est important de rappeler aux utilisateurs de s'abonner à votre compte. Vous pouvez le faire à la fin de chaque vidéo en incluant une phrase simple comme "Abonne-toi pour plus de contenu !" ou "N'oublie pas de me suivre pour ne rien manquer !".

   Exemple : Dans une vidéo éducative, terminez avec "Si tu veux en savoir plus, abonne-toi pour d'autres astuces !".

2. **Demandez des likes** : Invitez les spectateurs à aimer la vidéo s'ils l'ont appréciée ou s'ils sont d'accord avec ce que vous présentez. Un CTA de type "Like si tu es d'accord !" peut fonctionner particulièrement bien sur des vidéos humoristiques ou polémiques.

   Exemple : "Si tu aimes ce type de contenu, laisse un like pour qu'on continue dans cette direction !"

3. **Incitez aux commentaires** : Poser une question dans vos vidéos est une excellente manière d'encourager les utilisateurs à **laisser un commentaire**. Les questions ouvertes comme "Qu'en pensez-vous ?" ou "Quelle est votre astuce préférée ?" incitent à la discussion et augmentent le taux d'interaction.

   Exemple : "Quelle est la destination de voyage de tes rêves ? Dis-le moi en commentaire !"

4. **Favorisez les partages** : Plus une vidéo est partagée, plus elle a de chances de devenir virale. Incitez les spectateurs à partager votre vidéo avec leurs amis ou avec des personnes qu'elle pourrait intéresser. Vous pouvez dire "Partage cette vidéo avec quelqu'un qui a besoin de ces conseils !".

   Exemple : "Connais quelqu'un qui pourrait bénéficier de ce conseil ? Partage cette vidéo avec lui !"

Utiliser les sondages, les questions, et d'autres outils interactifs

TikTok offre divers outils interactifs qui peuvent vous aider à engager davantage votre audience. Les sondages, les questions et les **duos** permettent à votre public de participer activement à vos vidéos, ce qui renforce leur lien avec vous et améliore votre visibilité sur la plateforme.

Comment utiliser ces outils pour stimuler l'engagement :

1. **Les sondages** : Vous pouvez utiliser des sondages pour poser des questions à votre audience et leur permettre de voter sur un sujet. Cela les engage directement avec votre contenu tout en vous offrant des informations précieuses sur leurs préférences.

   Exemple : Si vous êtes dans le créneau de la mode, vous pouvez demander à vos abonnés de voter entre deux tenues dans un sondage comme "Quel look préfères-tu ? #TeamTenue1 ou #TeamTenue2".

2. **Poser des questions dans les vidéos** : Les questions sont un moyen direct d'encourager les commentaires et d'initier une discussion. Posez une question pertinente à votre contenu à la fin de la vidéo pour inciter votre audience à commenter.

   Exemple : Si vous publiez une vidéo de cuisine, demandez "Quelle est votre recette favorite pour ce plat ?" pour inciter les gens à partager leurs idées dans les commentaires.

3. **Utiliser les duos et les réponses vidéo** : Encourager vos abonnés à créer des vidéos en **duo** avec les vôtres est un excellent moyen de générer du contenu collaboratif. Vous pouvez aussi répondre aux commentaires de vos abonnés en créant une nouvelle vidéo, ce qui renforce leur sentiment d'inclusion.

   Exemple : Faites un appel à action du type "Fais un duo avec cette vidéo si tu acceptes le challenge !" pour inciter votre audience à interagir activement avec votre contenu.

4. **Challenges interactifs** : Lancer des challenges sur TikTok est une excellente manière de stimuler l'engagement. Créez un challenge simple et incitez vos abonnés à y participer en utilisant un hashtag dédié. Cela peut générer de nombreux contenus partagés autour de votre profil, augmentant ainsi votre visibilité.

   Exemple : Si vous êtes dans le créneau fitness, proposez un challenge de squat ou de planche et invitez vos abonnés à vous montrer leurs progrès en vidéo avec un hashtag personnalisé.

Importance de répondre aux commentaires et de créer une relation avec son audience

Une autre stratégie essentielle pour **maximiser l'engagement** sur TikTok est de **répondre activement aux commentaires** et de créer une relation authentique avec votre audience. Lorsque vous prenez le temps de répondre aux utilisateurs, vous leur montrez que vous êtes engagé avec eux, ce qui peut accroître leur fidélité et les inciter à interagir davantage avec vos futures vidéos.

Pourquoi répondre aux commentaires est crucial :

1. **Renforce la relation avec votre audience** : Répondre aux commentaires montre que vous vous souciez de ce que vos abonnés pensent et que vous êtes accessible. Cela encourage plus de personnes à commenter et à interagir avec votre contenu, car ils savent que leur voix sera entendue.

Exemple : Si un utilisateur commente une question sur votre vidéo, prenez le temps de répondre en donnant des détails supplémentaires ou des astuces complémentaires.

2. **Augmente la visibilité de vos vidéos** : Plus une vidéo reçoit de commentaires, plus elle sera mise en avant par l'algorithme de TikTok. En répondant aux commentaires, vous augmentez indirectement le nombre total de commentaires et stimulez encore plus l'engagement.

3. **Créez des vidéos réponses** : TikTok vous permet de répondre à un commentaire en créant une vidéo. Cela permet non seulement de répondre de manière plus détaillée, mais aussi de générer du nouveau contenu à partir de l'engagement des utilisateurs.

Exemple : Si un utilisateur demande comment utiliser un produit que vous avez mentionné dans une vidéo précédente, vous pouvez créer une vidéo qui répond spécifiquement à sa question tout en apportant une valeur ajoutée à toute votre audience.

4. **Favorisez l'interaction entre abonnés** : Encouragez vos abonnés à se répondre entre eux dans les commentaires. Cela peut créer une **dynamique communautaire** dans vos vidéos, augmentant ainsi l'engagement global. Plus les utilisateurs interagissent, plus votre contenu sera favorisé par l'algorithme.

Créer de l'engagement sur TikTok est une étape cruciale pour développer une audience active et augmenter la visibilité de vos vidéos. En **utilisant des appels à l'action**, des **outils interactifs** comme les sondages et les duos, et en **répondant activement aux commentaires**, vous pouvez renforcer votre relation avec votre audience et maximiser les interactions sur vos vidéos.

L'engagement ne se limite pas à la simple publication de contenu, mais repose également sur l'interaction directe avec votre communauté. En appliquant ces stratégies, vous pourrez transformer des spectateurs occasionnels en abonnés fidèles et engagés, tout en augmentant vos chances de succès sur la plateforme.

Dans le prochain chapitre, nous aborderons les stratégies pour créer des vidéos virales sur TikTok, en maximisant l'impact visuel et en utilisant les tendances pour attirer une audience toujours plus large.

Mesurer le succès d'une vidéo sur TikTok est essentiel pour comprendre ce qui fonctionne bien avec votre audience et pour améliorer vos futures stratégies de contenu. Le succès d'une vidéo ne se limite pas uniquement au nombre de vues. Plusieurs indicateurs de performance permettent d'obtenir une vue d'ensemble plus complète de l'efficacité de votre contenu. Dans ce chapitre, nous allons explorer les **principaux indicateurs de performance** à surveiller pour mesurer le succès d'une vidéo TikTok.

---

1. Le nombre de vues

Le **nombre de vues** est souvent le premier indicateur que les créateurs regardent pour juger du succès d'une vidéo. Sur TikTok, les vidéos peuvent obtenir des millions de vues en très peu de temps si elles deviennent virales. Cependant, il est important de noter que ce n'est pas la seule métrique à prendre en compte.

Comment interpréter les vues :

- **Portée organique** : Plus une vidéo a de vues, plus elle a atteint une large audience. Un bon nombre de vues indique que votre vidéo est partagée par l'algorithme et qu'elle est visible sur la page **Pour Toi**.
- **Viralité** : Si une vidéo atteint un nombre élevé de vues en peu de temps, cela signifie qu'elle est en train de devenir virale. C'est un bon signe que votre contenu résonne avec l'audience.

Conseil : Ne vous concentrez pas uniquement sur les vues. Une vidéo peut avoir un grand nombre de vues, mais un faible taux d'engagement, ce qui pourrait indiquer que les utilisateurs passent à autre chose rapidement.

---

2. Le taux d'engagement (likes, commentaires, partages)

Le **taux d'engagement** est une mesure clé pour évaluer le succès d'une vidéo sur TikTok. L'engagement représente la manière dont les utilisateurs **interagissent avec votre contenu**, et il est souvent considéré comme un indicateur plus important que le simple nombre de vues.

Comment calculer et analyser le taux d'engagement :

- **Likes** : Le nombre de likes montre combien d'utilisateurs ont apprécié votre vidéo. Cependant, les likes seuls ne suffisent pas à mesurer l'engagement total.
- **Commentaires** : Les commentaires sont un bon signe que votre contenu suscite des discussions ou des réactions fortes. Si une vidéo génère beaucoup de commentaires, cela signifie que votre audience est activement impliquée.
- **Partages** : Les partages sont l'un des indicateurs les plus précieux, car ils montrent que votre vidéo est suffisamment appréciée pour être diffusée à une audience plus large. Plus une vidéo est partagée, plus elle a de chances de devenir virale.

Formule du taux d'engagement :

$$\text{Taux d'engagement} = \frac{(\text{likes} + \text{commentaires} + \text{partages})}{\text{nombre de vues}} \times 100$$

Exemple : Si votre vidéo a 10 000 vues, 500 likes, 50 commentaires, et 20 partages, votre taux d'engagement serait :

$$\frac{(500 + 50 + 20)}{10000} \times 100 = 5.7\%$$

Un taux d'engagement élevé est souvent un meilleur indicateur de la qualité de votre vidéo et de sa pertinence pour votre audience.

---

3. Le taux de rétention

Le **taux de rétention** représente la durée pendant laquelle les utilisateurs restent pour regarder votre vidéo. Un taux de rétention élevé signifie que votre vidéo a captivé l'attention du spectateur du début à la fin, ce qui est crucial pour être favorisé par l'algorithme de TikTok.

Pourquoi le taux de rétention est important :

- **Impact sur l'algorithme** : TikTok privilégie les vidéos qui maintiennent les spectateurs engagés du début à la fin. Si votre taux de rétention est élevé, votre vidéo est plus susceptible d'être promue sur la page **Pour Toi**.
- **Qualité du contenu** : Un bon taux de rétention indique que votre contenu est intéressant, dynamique et qu'il capture l'attention rapidement.

Comment améliorer votre taux de rétention :

- **Commencez fort** : Les premières secondes de votre vidéo sont cruciales pour capter l'attention. Commencez par quelque chose de visuellement frappant ou engageant pour empêcher les utilisateurs de faire défiler.
- **Gardez une durée optimale** : Les vidéos courtes ont généralement un meilleur taux de rétention. Si possible,

essayez de maintenir vos vidéos autour de 15 à 30 secondes.

Conseil : Consultez vos statistiques TikTok pour voir à quel moment les utilisateurs quittent généralement vos vidéos. Si vous remarquez une baisse rapide après les premières secondes, il peut être utile de modifier vos introductions.

---

4. Le taux de conversion (abonnés gagnés)

Le **taux de conversion** indique combien de personnes ont décidé de **s'abonner à votre compte** après avoir regardé une vidéo spécifique. C'est un excellent indicateur pour savoir si votre contenu attire de nouveaux abonnés.

Comment interpréter le taux de conversion :

- **Qualité de la vidéo** : Si une vidéo entraîne un grand nombre d'abonnements, cela signifie que votre contenu est de grande qualité et que les utilisateurs souhaitent en voir plus.
- **Pertinence pour votre créneau** : Un taux de conversion élevé montre que votre contenu est pertinent pour le type d'audience que vous souhaitez attirer.

Comment améliorer le taux de conversion :

- **Appels à l'action** : Incitez les spectateurs à s'abonner directement dans votre vidéo en utilisant des appels à l'action clairs comme "Abonne-toi pour plus de contenu comme celui-ci !".
- **Créer des séries** : Les vidéos en série peuvent inciter les utilisateurs à s'abonner pour ne pas manquer les prochains épisodes.

Conseil : Après la publication de chaque vidéo, consultez vos statistiques pour voir combien d'abonnés vous avez gagnés et ajustez votre contenu en conséquence.

---

5. Taux de découverte (pourcentage de vues sur la page "Pour Toi")

TikTok vous permet de savoir si vos vidéos ont été principalement vues par vos abonnés ou si elles ont été découvertes par une audience plus large sur la **page "Pour Toi"**. Le **taux de découverte** est le pourcentage de vues qui provient de nouveaux utilisateurs, et c'est un excellent indicateur pour mesurer si votre contenu est viral.

Pourquoi le taux de découverte est important :

- **Expansion de l'audience** : Si une grande partie des vues provient de la page **Pour Toi**, cela signifie que votre vidéo est en train de toucher de nouveaux utilisateurs au-delà de vos abonnés actuels.
- **Visibilité** : Un taux de découverte élevé montre que TikTok a identifié votre vidéo comme étant suffisamment engageante pour la partager à un public plus large.

Comment augmenter le taux de découverte :

- **Participez aux tendances** : Utiliser des sons, hashtags ou effets tendance permet d'augmenter les chances que TikTok promeuve votre vidéo sur la page **Pour Toi**.
- **Engagez votre audience** : Plus votre vidéo reçoit de likes, de commentaires et de partages, plus elle est susceptible d'être promue par l'algorithme à de nouveaux utilisateurs.

6. L'analyse des commentaires

Les **commentaires** sont un bon moyen de mesurer l'impact émotionnel de votre vidéo. Si votre vidéo génère beaucoup de commentaires, cela signifie qu'elle suscite une réaction forte chez vos spectateurs.

Que regarder dans les commentaires :

- **Tonalité générale** : Les commentaires sont-ils principalement positifs, négatifs ou neutres ? Les commentaires positifs montrent que votre contenu est apprécié, tandis que les négatifs peuvent indiquer des points d'amélioration.
- **Questions et demandes** : Si les utilisateurs posent des questions ou demandent des informations supplémentaires, cela signifie que votre vidéo a suscité leur intérêt.
- **Discussions entre utilisateurs** : Si votre audience commence à discuter entre eux dans les commentaires, c'est un signe que votre vidéo est devenue un sujet de conversation, ce qui est un excellent indicateur d'engagement.

Conseil : Prenez le temps de répondre aux commentaires pour stimuler davantage d'interactions et fidéliser votre audience.

---

7. Les statistiques TikTok Pro

Pour accéder à toutes ces données, vous devez passer à un **compte TikTok Pro** (gratuit). Cela vous permet d'accéder à un tableau de bord détaillé avec des statistiques sur la performance de chaque vidéo.

Statistiques clés dans TikTok Pro :

- **Vues totales de la vidéo** : Le nombre de fois que la vidéo a été vue.
- **Taux d'engagement** : Le total des likes, commentaires et partages.
- **Temps de visionnage moyen** : La durée moyenne pendant laquelle les utilisateurs ont regardé la vidéo.
- **Origine des vues** : Pourcentage de vues venant de la page **Pour Toi** ou de vos abonnés.
- **Abonnés gagnés** : Combien de nouveaux abonnés vous avez obtenus grâce à cette vidéo.

Conseil : Utilisez ces données pour ajuster votre stratégie. Par exemple, si vous constatez qu'une vidéo avec une certaine durée ou un certain type de contenu obtient de meilleurs résultats, adaptez vos prochaines vidéos en conséquence.

TikTok est une plateforme où les **tendances** et les **challenges** jouent un rôle central dans la visibilité et la viralité du contenu. Participer à une tendance ou à un challenge viral est l'une des meilleures façons d'augmenter rapidement le **nombre de vues** et d'attirer de **nouveaux abonnés**. Dans ce chapitre, nous explorerons comment repérer et exploiter ces opportunités, ainsi que la manière d'adapter ces tendances à votre propre créneau.

L'importance des tendances et des challenges pour la viralité

Les tendances et challenges TikTok sont des événements temporaires qui rassemblent de nombreux utilisateurs autour d'un format ou d'un sujet spécifique. Participer à ces événements permet à votre contenu de s'intégrer à des **flux de vidéos populaires**, et donc d'augmenter vos chances d'être vu par une audience plus large.

Comment les tendances et challenges augmentent la visibilité :

1. **Algorithme favorisant les tendances** : L'algorithme de TikTok met en avant les contenus qui utilisent des **sons populaires**, des **hashtags tendance**, ou des **challenges viraux**. Si vous suivez ces tendances, votre vidéo a plus de chances d'apparaître sur la page **Pour Toi**, même si vous avez peu d'abonnés.

   Exemple : Une danse sur une chanson qui est devenue virale grâce à un challenge peut instantanément augmenter vos vues, même si vous n'êtes pas initialement dans le créneau de la danse.

2. **Découverte par de nouveaux utilisateurs** : En rejoignant une tendance populaire, vous exposez votre contenu à une **audience plus large**. Ces tendances attirent des millions d'utilisateurs qui recherchent activement des vidéos dans un format spécifique ou sur un son en particulier. Cela crée une opportunité unique pour les créateurs de toucher de nouveaux abonnés.

3. **Effet viral rapide** : Les challenges viraux sont partagés rapidement par des millions de personnes, ce qui peut conduire à une **croissance exponentielle** du nombre de vues en quelques heures ou jours. Plus une tendance est fraîche, plus elle a de chances d'attirer un grand nombre de spectateurs.

Comment identifier les tendances et challenges :

- **Page Découvrir** : La section **Découvrir** de TikTok vous montre les tendances actuelles, les sons les plus utilisés et les hashtags populaires. Utilisez ces éléments comme point de départ pour créer votre propre contenu.
- **Observation des autres créateurs** : Suivez les créateurs influents dans votre niche pour voir quelles tendances ils adoptent. Cela vous donnera des idées sur les challenges qui peuvent correspondre à votre propre créneau.
- **Sons viraux** : Les sons viraux sont un excellent indicateur d'une tendance émergente. Vous pouvez repérer des sons qui gagnent en popularité et les utiliser rapidement dans vos vidéos avant que la tendance ne s'essouffle.

Comment sauter sur une tendance ou un challenge pour augmenter vos vues et abonnés

Une fois que vous avez identifié une tendance ou un challenge en plein essor, il est temps de **créer du contenu** qui s'aligne avec cette tendance tout en restant authentique à votre style et à votre créneau. Il est essentiel de bien exécuter cette démarche pour maximiser vos chances de viralité.

Stratégies pour exploiter efficacement une tendance :

1. **Agir rapidement** : Le timing est crucial. Les tendances évoluent rapidement sur TikTok, il est donc important de réagir dès que vous repérez une tendance. Plus vous êtes rapide à participer, plus vous avez de chances de capter l'attention des spectateurs à la recherche de vidéos sur cette tendance.

   Exemple : Si un nouveau challenge de danse devient viral, rejoignez-le dans les premiers jours pour que votre vidéo ait une chance d'être mise en avant avant que la tendance ne s'essouffle.

2. **Utiliser les hashtags et sons populaires** : Lorsque vous participez à une tendance, assurez-vous d'utiliser les **hashtags spécifiques** et le **son associé** à la tendance. Cela augmente la probabilité que votre vidéo soit découverte par les utilisateurs qui recherchent ce contenu particulier.

   Exemple : Si vous participez à un challenge utilisant un son viral, assurez-vous d'inclure des hashtags comme #ChallengeName ou #ViralSound pour maximiser votre portée.

3. **Ajouter votre propre touche** : Il est important de rester authentique même en participant à une tendance. N'hésitez pas à ajouter **votre style personnel** ou à adapter la tendance à votre créneau. Cela rendra votre vidéo unique et plus mémorable. Si les utilisateurs trouvent votre vidéo intéressante, ils seront plus enclins à s'abonner pour voir davantage de contenu similaire.

Exemple : Si vous êtes dans le créneau de la mode, vous pouvez participer à une tendance de danse en intégrant des transitions de vêtements stylés ou en montrant plusieurs tenues dans la même vidéo.

4. **Utiliser des effets visuels ou des transitions** : Les tendances sur TikTok sont souvent accompagnées d'effets ou de transitions spécifiques. Essayez d'incorporer ces éléments dans vos vidéos pour augmenter leur attractivité. TikTok propose de nombreux effets que vous pouvez appliquer à vos vidéos pour suivre les tendances visuelles du moment.

   Exemple : Si une tendance utilise un effet de transformation rapide, comme un changement d'apparence soudain (glow-up), utilisez cet effet pour créer une transition entre deux styles ou deux environnements.

Adapter une tendance à votre propre créneau

Une des clés pour réussir à gagner en visibilité grâce à une tendance est de savoir **l'adapter à votre niche**. Il ne suffit pas de suivre aveuglément chaque tendance. L'objectif est de **rester pertinent** pour votre audience tout en capitalisant sur la viralité de la tendance.

Comment adapter une tendance à votre contenu :

1. **Restez fidèle à votre créneau** : Si vous avez un créneau spécifique, comme la beauté, la mode, le fitness ou la technologie, il est important d'adapter la tendance à ce que vos abonnés attendent de vous. Par exemple, un challenge de danse peut être adapté en montrant

différentes tenues ou en intégrant des éléments de votre niche.

Exemple : Un créateur de contenu beauté pourrait participer à un challenge de transformation en montrant un avant-après maquillage, en utilisant le même son viral que celui utilisé dans la tendance.

2. **Créez une variante de la tendance** : Si une tendance ne correspond pas tout à fait à votre créneau, vous pouvez toujours **modifier la tendance** pour l'adapter à votre style. Par exemple, si vous êtes un créateur de contenu éducatif, vous pouvez utiliser un son viral pour introduire un fait ou une leçon dans un format léger et divertissant.

Exemple : Si une tendance populaire consiste à montrer une "transformation" ou une révélation, vous pourriez faire une vidéo avant-après en lien avec un projet DIY ou un projet de décoration intérieure.

3. **Intégrez une valeur ajoutée** : Profitez de la popularité de la tendance tout en offrant à votre audience **une valeur ajoutée**. Si vous êtes dans un créneau éducatif, vous pouvez apporter des conseils pratiques ou une nouvelle perspective tout en participant à une tendance légère.

Exemple : Un créateur de fitness peut participer à une tendance en intégrant des conseils rapides d'entraînement dans la vidéo, tout en respectant la musique ou l'effet visuel viral.

Exemples de tendances et leur adaptation à différents créneaux

Pour mieux comprendre comment adapter des tendances à votre créneau, voici quelques exemples concrets.

1. **Tendance de la danse virale** : Si vous êtes dans le créneau de la mode, participez à une danse virale tout en montrant différentes tenues pendant les transitions des pas de danse. Si vous êtes dans le domaine du fitness, vous pouvez transformer la danse en une routine d'exercices.
2. **Tendance des transformations (glow-up)** : Les créateurs de contenu beauté peuvent l'utiliser pour montrer un avant-après maquillage, tandis que les créateurs DIY peuvent montrer la transformation d'une pièce de leur maison.
3. **Tendance des quiz ou des faits amusants** : Si vous êtes dans le créneau éducatif, utilisez une tendance virale de quiz pour partager des faits rapides et intéressants. Par exemple, les créateurs spécialisés en histoire pourraient partager des anecdotes sur une époque spécifique en suivant le format populaire du quiz.

Les tendances et les challenges sur TikTok sont des outils puissants pour **gagner en viralité** et augmenter votre audience. En participant à ces événements de manière stratégique, en agissant rapidement, et en adaptant les tendances à votre propre créneau, vous pouvez maximiser vos chances de voir votre contenu se propager rapidement. Le secret du succès réside dans votre capacité à **innover** et à **ajouter votre propre touche personnelle** tout en respectant les codes de la tendance. En gardant à l'esprit ces stratégies, vous pourrez profiter de la puissance des tendances pour faire croître votre compte et attirer de nouveaux abonnés.

Dans le prochain chapitre, nous aborderons la gestion de votre contenu TikTok à long terme et comment maintenir une croissance durable.

Le chemin vers le succès sur TikTok repose sur deux piliers fondamentaux : la **patience** et la **régularité**. Contrairement à ce que beaucoup pensent, le succès sur TikTok ne se résume pas à une vidéo virale aléatoire. Pour véritablement bâtir une audience solide et durable, il est crucial d'adopter une approche stratégique à long terme, fondée sur la **constance** et une attitude patiente. Dans ce chapitre, nous allons explorer pourquoi ces deux éléments sont essentiels, et comment les appliquer pour réussir à faire croître votre compte de manière organique.

L'importance de la patience dans la création de contenu

Le succès sur TikTok peut parfois sembler aléatoire, mais il repose en réalité sur une accumulation d'efforts cohérents au fil du temps. Il est rare qu'une première vidéo devienne virale instantanément. **La patience** est nécessaire pour surmonter les moments de doute et les périodes où la croissance semble lente.

Pourquoi la patience est cruciale :

1. **Les algorithmes prennent du temps** : TikTok est une plateforme qui favorise les créateurs réguliers et engagés. Il peut donc prendre du temps avant que l'algorithme identifie votre contenu comme étant pertinent pour une audience plus large. Vos premières vidéos peuvent ne pas recevoir des millions de vues, mais elles sont des étapes importantes pour apprendre ce qui fonctionne le mieux avec votre audience.

2. **Apprentissage progressif** : Au fur et à mesure que vous publiez du contenu, vous apprenez ce qui plaît à votre audience, quels formats fonctionnent le mieux et quelles

erreurs éviter. Cela demande du temps pour affiner votre stratégie de contenu.

3. **Les abonnés ne viennent pas toujours rapidement** : Atteindre des jalons comme 10 000 abonnés peut prendre du temps. Si vous persévérez et continuez à produire du contenu de qualité, votre audience finira par grandir. De plus, les abonnés fidèles et engagés que vous attirerez au fil du temps seront beaucoup plus précieux que ceux obtenus grâce à une vidéo virale ponctuelle.

Conseils pour cultiver la patience :

- **Acceptez les petits succès** : Appréciez chaque étape du processus. Que vous obteniez quelques nouveaux abonnés ou que votre vidéo reçoive plus de likes que d'habitude, ces petits succès sont des signes de progrès.
- **Fixez-vous des objectifs réalistes** : Ne vous attendez pas à devenir viral du jour au lendemain. Fixez-vous des objectifs progressifs, comme publier un certain nombre de vidéos chaque semaine ou obtenir un taux d'engagement plus élevé, et célébrez ces victoires.
- **Restez concentré sur la qualité** : Plutôt que de vous concentrer uniquement sur les résultats immédiats (vues, likes), mettez l'accent sur la création de contenu de qualité qui aura un impact durable.

La régularité : la clé pour rester pertinent dans l'algorithme

Sur TikTok, **la régularité** est essentielle pour maintenir l'intérêt de votre audience et rester pertinent dans l'algorithme. Plus vous publiez du contenu régulièrement, plus vous augmentez vos chances d'apparaître sur la page **Pour Toi** et d'attirer de nouveaux abonnés. L'algorithme de TikTok valorise les créateurs actifs qui publient régulièrement du contenu engageant.

Pourquoi la régularité est essentielle :

1. **TikTok récompense la constance** : L'algorithme de TikTok favorise les créateurs qui publient fréquemment du contenu de qualité. Plus vous êtes actif, plus vos vidéos ont de chances d'être montrées à une audience plus large. Si vous publiez de manière sporadique, il est plus difficile de maintenir une présence dans l'algorithme.
2. **Votre audience attend du contenu régulier** : Sur TikTok, les utilisateurs s'abonnent souvent à des créateurs qui publient fréquemment. Si vous disparaissez pendant plusieurs semaines sans publier, vous risquez de perdre l'intérêt de votre audience et de passer inaperçu.
3. **Créer une habitude chez les abonnés** : En publiant régulièrement, vous créez une **habitude** chez vos abonnés, qui s'attendent à voir du nouveau contenu de votre part. Cela renforce leur engagement et les incite à revenir plus souvent sur votre profil.

Comment maintenir une régularité efficace :

1. **Établissez un calendrier de publication** : Il est essentiel de mettre en place un calendrier de publication réaliste. Essayez de publier au moins une vidéo par jour, ou plus si possible, pour garder votre audience engagée. Choisissez des moments de la journée où vos abonnés sont les plus actifs (par exemple, en soirée).

   Exemple : Si vous savez que votre audience est principalement active entre 18h et 21h, essayez de publier vos vidéos dans ce créneau horaire pour maximiser l'engagement.

2. **Créez du contenu en avance** : Pour éviter le stress de devoir créer des vidéos tous les jours, essayez de **préparer plusieurs vidéos à l'avance**. Cela vous

permettra de respecter votre calendrier de publication même si vous avez des jours plus chargés.

3. **Variez les formats** : La régularité ne signifie pas que chaque vidéo doit être identique. Alternez entre différents types de contenu (tutoriels, vidéos humoristiques, challenges) pour maintenir l'intérêt de votre audience tout en restant actif.

4. **Soyez flexible** : Même si la régularité est importante, ne vous mettez pas trop de pression si vous manquez une journée de publication. L'essentiel est de reprendre rapidement votre rythme pour ne pas perdre l'engagement que vous avez accumulé.

Garder la motivation sur le long terme

La création de contenu demande beaucoup d'énergie et peut parfois devenir démotivante, surtout si vous ne voyez pas de résultats immédiats. C'est pourquoi il est essentiel de **garder la motivation** et de comprendre que le succès sur TikTok est un **marathon**, pas un sprint.

Comment rester motivé :

- **Suivez vos progrès** : Tenez un journal ou un tableau de bord pour suivre vos progrès, comme le nombre de vidéos publiées, le taux d'engagement ou le nombre d'abonnés gagnés. Cela vous permet de constater l'évolution, même lorsque les résultats sont plus lents.
- **Trouvez du soutien** : Rejoignez des communautés en ligne de créateurs de contenu pour échanger des idées et trouver du soutien. Vous pouvez aussi suivre des créateurs plus expérimentés pour vous inspirer.
- **Prenez des pauses si nécessaire** : Créer du contenu de façon régulière peut parfois être fatigant. Si vous sentez que vous avez besoin de faire une pause, prenez du

temps pour vous ressourcer, mais assurez-vous de revenir avec une nouvelle énergie et des idées fraîches.

La **patience** et la **régularité** sont les deux éléments essentiels pour réussir à long terme sur TikTok. Construire une audience fidèle et engagée ne se fait pas en un jour. Cela nécessite du temps, des efforts constants, et une capacité à **persévérer** même lorsque la croissance semble lente. En publiant régulièrement, vous maximisez vos chances d'apparaître dans l'algorithme et de capturer l'attention de nouveaux abonnés.

L'important est de rester **concentré sur la qualité**, de ne pas vous décourager par les résultats à court terme, et de continuer à produire du contenu qui engage et inspire votre audience. En gardant à l'esprit que le succès est un processus graduel, vous serez bien placé pour atteindre vos objectifs à long terme sur TikTok.

Le prochain chapitre portera sur la gestion de votre image personnelle et de votre branding sur TikTok pour transformer vos abonnés en une communauté fidèle et engagée.

Créer des vidéos virales

La **viralité** est l'objectif ultime de nombreux créateurs de contenu sur TikTok. Une vidéo virale est une vidéo qui se propage rapidement, atteignant des millions de personnes en très peu de temps. Comprendre ce qu'est une vidéo virale et pourquoi certaines vidéos se diffusent plus vite que d'autres est essentiel pour maximiser vos chances de succès sur la plateforme. Dans ce chapitre, nous allons définir ce qu'est une vidéo virale, pourquoi certaines vidéos explosent en popularité, et quels sont les **facteurs clés** qui influencent la viralité sur TikTok.

Définition d'une vidéo virale

Une vidéo virale est une vidéo qui capte l'attention d'un large public en peu de temps, en étant massivement partagée, commentée, et aimée. Sur TikTok, le processus de viralité est souvent accéléré par le **partage rapide** de la vidéo via l'algorithme, la participation des utilisateurs à un challenge ou une tendance, et l'utilisation de sons ou d'effets populaires.

Caractéristiques d'une vidéo virale :

- **Fort taux d'engagement** : Les vidéos virales génèrent un taux d'engagement élevé, avec de nombreux **likes**, **commentaires**, et **partages**.
- **Partage rapide** : Une vidéo virale se propage rapidement en raison du partage massif entre utilisateurs, ce qui lui permet d'atteindre une audience bien au-delà de vos abonnés habituels.
- **Apparition sur la page "Pour Toi"** : Sur TikTok, une vidéo devient virale lorsqu'elle est montrée à un grand

nombre de personnes via la page **Pour Toi**. L'algorithme de TikTok favorise les vidéos qui captent rapidement l'attention et engagent l'audience.

Exemple : Une danse virale, un défi amusant ou une vidéo inspirante peuvent être partagés des millions de fois et atteindre une audience internationale en quelques heures.

Pourquoi certaines vidéos se propagent rapidement sur TikTok ?

Toutes les vidéos ne deviennent pas virales, et il n'existe pas de recette magique pour garantir la viralité. Cependant, certaines vidéos réussissent à captiver l'audience en touchant les **bons leviers émotionnels**, en étant partagées au bon moment ou en participant à des **tendances populaires**. Comprendre pourquoi certaines vidéos explosent peut vous aider à orienter votre stratégie.

Facteurs contribuant à la viralité sur TikTok :

1. **Émotions fortes :** Les vidéos qui déclenchent une émotion forte ont de meilleures chances de devenir virales. Cela peut être le **rire**, l'**émerveillement**, la **nostalgie**, ou même une surprise choquante. Les utilisateurs aiment partager des vidéos qui les font **réagir émotionnellement**, car elles créent une connexion personnelle.

   Exemple : Une vidéo drôle qui utilise un son viral et raconte une situation relatable peut inciter les spectateurs à la partager avec leurs amis, déclenchant ainsi une réaction en chaîne.

2. **Contenu surprenant ou inattendu** : Les vidéos qui incluent un **élément de surprise** ou une **touche inattendue** captent souvent l'attention des utilisateurs. Un retournement de situation ou une fin étonnante incite les gens à regarder la vidéo jusqu'à la fin, voire à la rejouer ou la partager.

   Exemple : Une vidéo où l'on s'attend à voir un résultat spécifique, mais où l'issue est complètement différente, peut inciter les gens à commenter ou à la partager avec d'autres.

3. **Facilité de partage** : Les vidéos courtes, percutantes et faciles à comprendre sont plus susceptibles d'être partagées. Une vidéo virale doit être simple et accessible pour que les utilisateurs se sentent à l'aise de la partager rapidement avec leurs amis ou leur famille sans explication supplémentaire.

   Exemple : Les vidéos amusantes, comme un sketch humoristique ou une courte astuce utile, sont souvent partagées parce qu'elles sont compréhensibles dès la première visualisation.

4. **Participation à une tendance ou un challenge** : Les vidéos qui suivent les tendances ou participent à des **challenges viraux** ont plus de chances de devenir virales, car elles profitent déjà d'un engouement massif de la part des utilisateurs. En utilisant des sons populaires ou en participant à des challenges actuels, vous augmentez vos chances d'apparaître sur la page **Pour Toi**.

   Exemple : Un utilisateur participe à un challenge de danse populaire et ajoute sa propre touche unique, ce qui attire l'attention et incite d'autres utilisateurs à faire de même.

5. **Temps et fréquence de publication** : Le moment où vous publiez vos vidéos peut avoir un impact important sur leur potentiel de viralité. Publier lorsque votre audience est la plus active maximise les chances que votre vidéo soit immédiatement vue, aimée et partagée, ce qui peut lui donner un coup de pouce algorithmique.

   Exemple : Si vous postez une vidéo pendant les heures de pointe de TikTok (par exemple, en soirée ou le week-end), elle a plus de chances d'être vue par un grand nombre de personnes dès sa publication.

6. **Qualité de la production** : Bien que la viralité ne dépende pas toujours de la qualité technique, une **bonne production** peut faire la différence. Des vidéos claires, avec un bon éclairage, un son de qualité et un montage dynamique, sont plus susceptibles de retenir l'attention des utilisateurs. L'ajout de transitions fluides, d'effets visuels ou de sons captivants peut également contribuer à rendre une vidéo plus engageante.

   Exemple : Une vidéo montrant une astuce de maquillage en accéléré, avec des transitions nettes et une musique entraînante, aura plus de chances de retenir l'attention qu'une vidéo sans montage.

Facteurs influençant la viralité : émotions, surprise, nouveauté, etc.

Il est important de comprendre que la viralité est souvent le résultat d'une combinaison de facteurs émotionnels, techniques et contextuels. Voici un récapitulatif des principaux facteurs influençant la viralité sur TikTok :

1. **Émotions** : Les vidéos qui suscitent des émotions fortes (rire, joie, peur, surprise) sont plus susceptibles d'être partagées. Les spectateurs aiment partager des vidéos qui les font réagir et qui pourraient avoir le même effet sur leurs amis.
2. **Surprise et nouveauté** : Les vidéos surprenantes ou présentant quelque chose de nouveau captent l'attention et retiennent les spectateurs jusqu'à la fin. La **nouveauté** peut aussi résider dans l'utilisation d'un nouveau son, d'un effet visuel innovant, ou dans la participation à un challenge récent.
3. **Authenticité** : Les utilisateurs de TikTok apprécient l'authenticité. Les vidéos qui semblent spontanées ou sincères ont plus de chances de toucher l'audience et d'être partagées. Les vidéos très scénarisées ou artificielles peuvent, au contraire, avoir du mal à résonner.
4. **Participations communautaires** : La viralité peut être amplifiée par la **participation communautaire**. Si vous participez à une tendance ou lancez un challenge qui encourage d'autres utilisateurs à créer leurs propres vidéos en réponse, vous incitez à une boucle de contenu générée par les utilisateurs, augmentant les chances que votre vidéo devienne virale.
5. **Timing** : Les vidéos qui surfent sur l'actualité ou les événements mondiaux peuvent facilement devenir virales si elles sont publiées au bon moment. Cela peut inclure des vidéos humoristiques basées sur une situation actuelle, des réactions à des événements récents ou des références culturelles populaires.

La création d'une vidéo virale sur TikTok n'est pas le fruit du hasard, mais le résultat d'une **compréhension profonde des éléments qui captent l'attention** des utilisateurs et les incitent à interagir. En mettant l'accent sur les émotions, la surprise, et la participation à des tendances ou challenges populaires, vous pouvez maximiser vos chances de voir vos vidéos atteindre un public massif. Chaque vidéo virale contient des ingrédients qui lui permettent de se démarquer et de se propager rapidement. En étudiant ces facteurs et en les appliquant à votre contenu, vous pourrez augmenter vos chances de créer des vidéos qui non seulement atteignent une grande audience, mais suscitent également un engagement durable.

Créer une vidéo virale sur TikTok demande une **combinaison de stratégie, créativité, et connaissance de la plateforme**. TikTok est un espace où la rapidité, l'interaction et la résonance émotionnelle avec l'audience sont clés. Dans ce chapitre, nous allons détailler les étapes pratiques pour maximiser vos chances de créer une vidéo qui deviendra virale.

---

1. Storytelling rapide : Comment raconter une histoire en moins de 60 secondes

TikTok étant une plateforme de contenu rapide, il est crucial de savoir **transmettre un message clair et impactant en très peu de temps**. Contrairement à d'autres plateformes, où vous avez plusieurs minutes pour développer une idée, TikTok exige un **storytelling condensé** qui doit capter l'attention et transmettre votre idée en moins de 60 secondes.

Comment maîtriser le storytelling rapide :

- **Structure claire** : Même en seulement 15 à 60 secondes, une vidéo TikTok doit avoir une structure claire : **introduction, développement, conclusion**. Cela permet aux spectateurs de suivre le fil de votre idée.

Exemple : Si vous racontez une anecdote ou partagez une astuce, commencez par annoncer rapidement le sujet, développez le cœur de l'histoire en quelques points, et terminez par une conclusion ou un appel à l'action.

- **Simplicité et efficacité** : Ne compliquez pas votre message. Évitez de surcharger la vidéo d'informations. **Choisissez une idée clé** que vous souhaitez transmettre et focalisez-vous uniquement dessus.
- **Appuyez-vous sur les visuels** : Le format court ne permet pas de longues explications, donc laissez les **visuels** parler pour vous. Utilisez des images claires, des transitions fluides et des éléments visuels percutants pour renforcer votre message.

Exemple de storytelling rapide : Un créateur de contenu beauté pourrait faire une vidéo montrant une transformation avant/après de maquillage en 30 secondes avec des coupes rapides pour chaque étape, tout en expliquant brièvement les produits utilisés.

---

2. Accroche dans les 3 premières secondes : Importance de capter l'attention dès le début

Sur TikTok, les premières secondes de votre vidéo sont **cruciales**. Si vous ne captez pas l'attention du spectateur dès le début, vous risquez de perdre immédiatement une grande partie de votre audience. L'algorithme de TikTok favorise les vidéos qui retiennent l'attention dès les premières secondes.

Comment créer une accroche forte :

- **Commencez par l'élément clé** : Ne laissez pas les moments les plus intéressants pour la fin. Commencez votre vidéo par quelque chose de visuellement ou émotionnellement frappant. Cela peut être une image surprenante, une question intrigante, ou une phrase qui attire la curiosité.

Exemple : Si vous réalisez une vidéo sur une astuce rapide, commencez par montrer immédiatement le résultat final, puis expliquez ensuite comment y parvenir.

- **Posez une question** : Commencer une vidéo en posant une **question directe** incite les spectateurs à rester pour entendre la réponse. Cela crée également un appel à l'action naturel, car les spectateurs auront envie de réagir à votre question.

Exemple : "Savez-vous comment booster votre productivité en moins de 5 minutes ?"

- **Utilisez un effet visuel impactant** : Une transition rapide, un zoom frappant ou un changement de décor peut captiver immédiatement l'attention des spectateurs. Ces éléments visuels ajoutent une dimension dynamique à votre vidéo.

Exemple : Un créateur de mode pourrait commencer une vidéo avec une transition rapide entre deux tenues spectaculaires.

---

3. Utiliser les musiques populaires : Maximiser la visibilité grâce aux sons tendances

TikTok est une plateforme basée en grande partie sur la **musique**. Les musiques populaires et les sons tendances jouent un rôle clé dans la viralité des vidéos. En utilisant un son qui est déjà populaire, vous augmentez les chances que votre vidéo soit associée à cette tendance et promue par l'algorithme.

Comment tirer profit des musiques tendances :

- **Choisir des sons viraux** : Sur TikTok, les musiques et sons viraux changent rapidement. Pour maximiser vos chances de viralité, utilisez des **musiques qui sont actuellement tendance**. Vous pouvez les trouver sur la page "Découvrir" ou voir quelles musiques sont les plus utilisées dans les vidéos populaires.

  Exemple : Si une danse populaire est associée à une chanson spécifique, utilisez cette même chanson dans votre propre vidéo pour profiter de la tendance.

- **Adapter le rythme de la vidéo à la musique** : Pour rendre votre vidéo plus captivante, faites correspondre le **montage** et les **transitions** au rythme de la musique. Cela rendra la vidéo plus dynamique et plaisante à regarder.

  Exemple : Si vous faites un tutoriel de cuisine, ajustez le montage de vos étapes pour qu'elles correspondent aux transitions musicales ou aux battements de la musique choisie.

- **Lancer un challenge musical** : Vous pouvez aussi profiter d'un son tendance pour lancer votre propre **challenge** en encourageant vos abonnés à l'utiliser de manière créative dans leurs vidéos.

4. Participer aux challenges viraux : Utiliser les challenges pour maximiser les vues

Les **challenges viraux** sont l'un des moteurs les plus puissants de viralité sur TikTok. En participant à des challenges populaires, vous pouvez **profiter d'une tendance** déjà bien établie pour toucher une plus grande audience et augmenter vos chances d'apparaître sur la page **Pour Toi**.

Stratégies pour participer aux challenges :

- **Soyez rapide** : Les challenges ont souvent une durée de vie limitée. Pour maximiser vos chances de viralité, il est crucial de participer **rapidement** à un challenge dès qu'il commence à gagner en popularité.

  Exemple : Si un challenge de danse commence à devenir viral, n'attendez pas plusieurs jours avant d'y participer. Publiez votre vidéo dès que possible pour profiter de l'engouement.

- **Ajoutez une touche personnelle** : Plutôt que de simplement reproduire le challenge à l'identique, essayez d'y ajouter votre propre style. Cela vous permettra de vous démarquer et d'apporter une **nouvelle dimension** à la tendance, ce qui peut vous aider à attirer plus d'attention.

  Exemple : Un créateur de fitness pourrait participer à un challenge de danse tout en intégrant des mouvements de workout dans sa vidéo pour apporter une touche unique.

- **Utilisez les hashtags de challenge** : Lorsque vous participez à un challenge, n'oubliez pas d'utiliser les **hashtags spécifiques** associés à celui-ci. Cela permet à TikTok de savoir que votre vidéo fait partie de la tendance et augmente les chances qu'elle soit visible dans les résultats de recherche.

5. Ajouter des appels à l'action : Encourager l'interaction avec la vidéo

Pour augmenter l'engagement sur TikTok, il est important d'encourager les spectateurs à **interagir activement** avec votre contenu. Cela peut se faire grâce à des **appels à l'action** qui incitent les utilisateurs à aimer, commenter, partager ou s'abonner. Plus une vidéo reçoit d'interactions, plus elle sera promue par l'algorithme.

Comment intégrer des appels à l'action efficaces :

- **Encouragez les commentaires** : Posez une question ou demandez à vos spectateurs de partager leur avis dans les commentaires. Cela incite à l'interaction et augmente le nombre de commentaires sur votre vidéo.

  Exemple : "Quel est votre produit préféré dans cette liste ? Dites-le-moi en commentaire !"

- **Incitez aux likes et partages** : Vous pouvez rappeler subtilement aux utilisateurs d'aimer ou partager votre vidéo s'ils l'ont appréciée.

  Exemple : "Like si tu as trouvé cette astuce utile, et partage avec un ami qui doit absolument essayer ça !"

- **Appels à l'abonnement** : Terminez vos vidéos en encourageant les spectateurs à s'abonner à votre compte pour ne pas manquer vos futurs contenus.

  Exemple : "N'oublie pas de t'abonner pour ne pas manquer mes prochaines astuces !"

- **Utilisez des appels à l'action directs** dans les légendes : Ajoutez des CTA dans la légende pour encourager l'engagement même après que les utilisateurs ont fini de regarder la vidéo.

Créer une vidéo virale sur TikTok nécessite de maîtriser plusieurs éléments : **un storytelling rapide, une accroche percutante** dès les premières secondes, l'utilisation de **sons viraux**, la participation à des **challenges populaires**, et l'intégration d'**appels à l'action efficaces**. Ces stratégies combinées vous permettront de maximiser vos chances de voir votre vidéo exploser en popularité et atteindre une large audience. En suivant ces étapes, vous créerez non seulement des vidéos captivantes, mais aussi des vidéos qui résonneront avec votre audience et susciteront un engagement fort.

Dans le prochain chapitre, nous explorerons comment analyser les performances de vos vidéos et ajuster votre stratégie en fonction des données analytiques fournies par TikTok.

Au cours des 10 dernières années, plusieurs **thèmes viraux** ont fait le buzz sur les réseaux sociaux, dont TikTok. Ces tendances ont souvent touché des millions, voire des milliards de personnes à travers le monde. Voici une sélection des thèmes les plus viraux qui ont marqué la dernière décennie, tant sur TikTok que sur d'autres plateformes :

1. Challenges de danse

- **Exemples :**
  - *Renegade Challenge* (K CAMP - *Lottery*): L'une des danses les plus célèbres sur TikTok, popularisée par la créatrice Jalaiah Harmon.
  - *Savage Love* (Jason Derulo) : Une danse devenue virale grâce à une chorégraphie simple et engageante.
  - *Blinding Lights Challenge* (The Weeknd) : Ce challenge de danse synchronisée a pris d'assaut TikTok en 2020.
- **Pourquoi c'est viral ?** La danse est universelle, et les utilisateurs peuvent facilement recréer les mouvements. La simplicité et le fun de ces danses les rendent accessibles à tous.

2. Challenges de transformation (Glow-up)

- **Exemple :** *Don't Rush Challenge* : Les créateurs passaient d'une tenue décontractée à un look glamour en un instant, souvent avec un objet passant de main en main entre plusieurs personnes.
- **Pourquoi c'est viral ?** Les transformations rapides captivent l'attention, et les effets visuels ajoutent un côté spectaculaire et fun. Ce type de vidéo met en valeur la créativité des utilisateurs.

3. Lip Sync et Audio Meme Trends

- **Exemples :**
  - *"Hit or Miss" (Mia Khalifa)* : Cette phrase audio est devenue virale sur TikTok en 2018, avec des millions de vidéos utilisant ce son pour des sketchs humoristiques.
  - *"Oh no" (The Shangri-Las)* : Ce son est utilisé pour montrer des moments où les choses tournent mal, souvent avec un effet ralenti juste avant que l'incident ne survienne.
- **Pourquoi c'est viral ?** Les utilisateurs aiment recréer ou parodier des scènes célèbres avec un son synchronisé, en utilisant des situations de leur propre vie ou des anecdotes humoristiques.

4. Food Trends

- **Exemples :**
  - *Whipped Coffee (Dalgona Coffee)* : Cette boisson fouettée est devenue virale durant la pandémie de Covid-19, avec des millions de personnes recréant la recette chez elles.
  - *Baked Feta Pasta* : Ce plat simple et crémeux est devenu un phénomène viral sur TikTok, avec des milliers de personnes recréant la recette.
- **Pourquoi c'est viral ?** Les vidéos de nourriture visuellement attrayantes et simples à réaliser à la maison captivent les utilisateurs et génèrent des partages massifs.

5. Fitness Challenges

- **Exemples :**
  - *Plank Challenge* : Un challenge de gainage où les utilisateurs devaient tenir la position de la planche aussi longtemps que possible.

- o *Chloe Ting Workout Challenges* : Chloe Ting, une célèbre YouTubeuse fitness, a vu ses programmes de fitness exploser en popularité pendant le confinement, avec des millions de personnes suivant ses entraînements.
- **Pourquoi c'est viral ?** Ces challenges encouragent la participation communautaire et permettent aux utilisateurs de partager leurs progrès, ce qui favorise l'engagement à long terme.

6. Humour et sketches courts

- **Exemples :**
  - o *Karen Memes* : Les vidéos humoristiques caricaturant des personnes exigeantes, souvent appelées "Karen", sont devenues virales.
  - o *TikTok POV (Point of View) sketches* : Des créateurs mettent en scène des situations imaginaires où l'utilisateur est immergé dans une scène humoristique ou dramatique, comme s'il en faisait partie.
- **Pourquoi c'est viral ?** L'humour court et efficace, souvent basé sur des situations quotidiennes, attire une audience large et suscite beaucoup d'interactions.

7. Life Hacks et DIY

- **Exemples :**
  - o *Troom Troom Life Hacks* : Des vidéos montrant des astuces insolites et parfois ridicules pour résoudre des problèmes du quotidien.
  - o *Art & Craft Tutorials* : Des tutoriels de création d'objets faits maison, de décoration, ou de couture qui inspirent les utilisateurs à reproduire les idées.

- **Pourquoi c'est viral ?** Ces vidéos sont éducatives tout en étant divertissantes. Elles offrent une valeur pratique et incitent à l'expérimentation.

8. Makeup & Beauty Trends

- **Exemples :**
  - *#EyebrowChallenge* : Un challenge où les utilisateurs montraient leurs transformations de sourcils en utilisant des techniques de maquillage.
  - *Skincare Trends (Slugging)* : Une tendance où les utilisateurs appliquaient une épaisse couche de crème hydratante ou de vaseline pour une peau ultra hydratée.
- **Pourquoi c'est viral ?** Les transformations beauté sont visuellement captivantes, et les utilisateurs aiment partager leurs astuces pour inspirer les autres.

9. Défis audio ou viraux

- **Exemples :**
  - *Mannequin Challenge* : Un défi où les participants restaient immobiles comme des mannequins pendant que la caméra se déplaçait autour d'eux.
  - *Ice Bucket Challenge* : Un défi où les gens se versaient un seau d'eau glacée sur la tête pour sensibiliser à la SLA (maladie de Charcot).
- **Pourquoi c'est viral ?** Ces défis sont facilement reproductibles et amusants, tout en sensibilisant à des causes ou en stimulant la créativité communautaire.

10. Filtre et effets visuels viraux

- **Exemples :**

- o *Inverted Filter* : Un filtre qui retourne l'image pour montrer aux utilisateurs à quoi ressemble leur visage dans un miroir inversé.
  - o *Slow Zoom* : Un effet qui zoome lentement sur le visage de l'utilisateur pour créer des moments humoristiques ou dramatiques.
- **Pourquoi c'est viral ?** Ces filtres et effets sont simples à utiliser, et l'audience aime expérimenter de nouvelles façons de se filmer ou de créer du contenu amusant.

11. Environnement et Activisme

- **Exemples :**
  - o *Save the Turtles (#VSCOgirl trend)* : Ce mouvement a encouragé la protection des tortues marines et la réduction de l'utilisation de plastique, surtout des pailles.
  - o *#TeamTrees* : Un effort collectif pour planter des millions d'arbres, lancé par des créateurs de contenu pour promouvoir la reforestation.
- **Pourquoi c'est viral ?** Ces tendances touchent des sujets de société importants, et l'engagement communautaire est souvent plus fort lorsque la cause est noble.

Ces thèmes viraux montrent la diversité des contenus qui peuvent capturer l'attention du public sur des plateformes comme TikTok. La viralité repose souvent sur l'universalité, l'émotion, et la capacité des utilisateurs à participer et à reproduire facilement le contenu. Les tendances évoluent rapidement, et ceux qui capitalisent sur ces thèmes ont la possibilité d'attirer un large public et de laisser une empreinte durable.

Pour maximiser la visibilité de vos vidéos sur TikTok et augmenter vos chances de viralité, il est essentiel de comprendre **comment fonctionne l'algorithme de la plateforme**. TikTok utilise un algorithme qui favorise les contenus engageants et accrocheurs, en prenant en compte plusieurs facteurs clés, comme la **durée de visionnage**, les **interactions** et la manière dont vous maintenez l'attention des spectateurs avec des **transitions et des effets créatifs**. Ce chapitre vous expliquera comment optimiser vos vidéos pour que l'algorithme de TikTok les promeuve plus largement.

---

1. Importance de la durée de visionnage

L'un des facteurs les plus importants pour que l'algorithme de TikTok favorise une vidéo est la **durée de visionnage** (ou "watch time"). TikTok favorise les vidéos qui sont **regardées en entier** ou, encore mieux, les vidéos qui sont visionnées plusieurs fois. Un **taux de complétion élevé**, c'est-à-dire lorsque les utilisateurs regardent la vidéo jusqu'à la fin, est un indicateur de qualité pour l'algorithme.

Pourquoi les vidéos courtes fonctionnent bien :

- **Taux de complétion élevé** : Les vidéos courtes sont plus susceptibles d'être vues en entier, ce qui augmente le taux de complétion. Une vidéo de 15 à 30 secondes est idéale car elle retient facilement l'attention des spectateurs jusqu'à la fin.

  Exemple : Si une vidéo dure 10 secondes, il est plus probable que les utilisateurs la regardent en entier, voire la visionnent à nouveau. Cela envoie un signal fort à l'algorithme que la vidéo est engageante.

- **Boucles répétitives** : TikTok favorise également les vidéos qui créent une **boucle fluide**, c'est-à-dire des vidéos dont la fin revient naturellement au début. Cela incite les utilisateurs à regarder la vidéo plusieurs fois sans même s'en rendre compte, augmentant ainsi la durée de visionnage.

  Exemple : Une vidéo qui se termine là où elle commence (par exemple, un zoom avant suivi d'un zoom arrière) encourage les spectateurs à la regarder en boucle.

Comment maximiser la durée de visionnage :

- **Garder un rythme rapide** : Les vidéos lentes ou monotones risquent de perdre rapidement l'attention du spectateur. Il est essentiel de maintenir un **rythme dynamique** avec des changements de scène fréquents, des transitions rapides et des effets visuels pour capter l'attention du début à la fin.
- **Accrocher dès les premières secondes** : Comme vu précédemment, les premières secondes de votre vidéo sont cruciales. Si vous ne captez pas l'attention du spectateur rapidement, il est probable qu'il fasse défiler vers la prochaine vidéo.

---

2. L'impact des interactions (likes, partages, commentaires) sur la viralité

Les **interactions** sont un autre facteur clé pris en compte par l'algorithme de TikTok pour déterminer la viralité d'une vidéo. Plus votre vidéo reçoit d'**engagement** (likes, commentaires, partages, ajouts aux favoris), plus elle sera promue sur la page **Pour Toi**, où elle pourra toucher une audience encore plus large.

Types d'interactions et leur impact :

- **Likes** : Les likes sont le signal le plus simple indiquant que les utilisateurs apprécient votre vidéo. Si une vidéo reçoit beaucoup de likes rapidement après sa publication, elle a de bonnes chances d'être promue par l'algorithme.

  Exemple : Une vidéo qui atteint rapidement un seuil de likes (par exemple, 1 000 likes en une heure) est susceptible de voir sa portée augmentée par TikTok.

- **Commentaires** : Les commentaires montrent que les utilisateurs sont suffisamment investis pour réagir à votre contenu. Plus il y a de discussions sous une vidéo, plus TikTok la considère comme engageante. Inciter les utilisateurs à laisser des commentaires par des questions ou des appels à l'action peut donc augmenter votre visibilité.

  Exemple : "Dites-moi en commentaire quelle astuce vous préférez !" est un exemple de CTA qui peut encourager l'interaction.

- **Partages** : Les partages sont l'une des formes d'interaction les plus puissantes. Lorsque les utilisateurs partagent votre vidéo avec d'autres, cela montre à l'algorithme que votre contenu a un potentiel viral.

  Exemple : Si votre vidéo est partagée sur d'autres plateformes (comme WhatsApp ou Instagram), cela élargit votre audience, et TikTok le prend en compte pour promouvoir votre vidéo davantage.

- **Ajouts aux favoris** : Lorsqu'un utilisateur sauvegarde votre vidéo pour la visionner plus tard, cela indique que votre contenu est précieux et utile. TikTok considère également cet indicateur pour favoriser la promotion d'une vidéo.

Conseils pour augmenter l'engagement :

- **Utilisez des appels à l'action** : Demandez à vos spectateurs d'interagir avec la vidéo en likant, commentant ou partageant. Les **CTA** simples et directs, comme "Like si tu es d'accord !" ou "Partage avec un ami qui doit voir ça", sont efficaces pour encourager l'engagement.
- **Incitez à la discussion** : Posez des questions ouvertes pour inciter les utilisateurs à commenter. Des questions du type "Qu'en pensez-vous ?" ou "Quelle option préfères-tu ?" peuvent amener des discussions dans les commentaires, ce qui favorise l'algorithme.

---

3. Comment utiliser des transitions créatives et l'édition pour maintenir l'attention des spectateurs

Les transitions créatives et un montage dynamique sont des éléments essentiels pour capter et maintenir l'attention sur TikTok. Une vidéo bien montée, avec des **transitions fluides** et des effets visuels captivants, a plus de chances de garder les spectateurs engagés tout au long de la vidéo, ce qui contribue à améliorer la durée de visionnage et l'engagement.

Pourquoi les transitions sont importantes :

- **Garder le spectateur captivé** : Les transitions rapides et bien exécutées aident à maintenir le flux de la vidéo et empêchent les spectateurs de s'ennuyer. Un contenu visuellement stimulant capte l'attention et incite à regarder la vidéo jusqu'au bout.

  Exemple : Un créateur de mode peut utiliser des transitions rapides entre différentes tenues pour créer une vidéo attrayante et dynamique.

- **Créer un effet de surprise** : Une transition inattendue ou créative peut surprendre les spectateurs et les inciter à rejouer la vidéo pour mieux comprendre comment elle a été réalisée. Cela augmente à la fois la durée de visionnage et les interactions.

  Exemple : Une transition qui montre un changement de décor ou de vêtements en un clin d'œil peut intriguer les spectateurs, les poussant à revoir la vidéo.

Techniques pour des transitions et montages réussis :

- **Utilisez des effets TikTok** : TikTok propose une multitude d'effets et de filtres que vous pouvez utiliser pour rendre vos transitions plus fluides et intéressantes. L'effet **"Zoom", "Split Screen", ou "Green Screen"** est souvent utilisé pour créer des effets visuels étonnants.
- **Jouez avec le rythme de la musique** : Faire correspondre vos transitions avec les **changements de rythme** ou les **battements** de la musique ajoute du dynamisme à votre vidéo et rend le contenu plus engageant.

  Exemple : Un créateur de fitness pourrait synchroniser ses mouvements d'entraînement avec les transitions musicales pour rendre la vidéo plus attrayante.

- **Montage rapide** : Alternez les scènes ou les plans rapidement pour maintenir l'attention. Des coupes fréquentes et dynamiques empêchent le spectateur de se lasser et donnent un sentiment de rythme.

  Exemple : Une vidéo d'un tutoriel DIY peut alterner rapidement entre chaque étape du processus, donnant ainsi un aperçu rapide tout en conservant un flux agréable.

Astuces pour l'édition :

- **Coupes courtes et nettes** : Évitez les moments de flottement ou les pauses inutiles. Chaque seconde de la vidéo doit avoir un impact visuel ou narratif pour maintenir l'intérêt.
- **Ajouter des légendes ou du texte** : Intégrer du texte ou des légendes accrocheuses peut capter l'attention des utilisateurs qui font défiler rapidement. Cela peut également servir à souligner les moments clés de la vidéo ou à poser des questions interactives.

  Exemple : Si vous montrez une transformation, ajouter un texte du type "Prêt pour le changement ?" avant la transition peut susciter l'intérêt et l'anticipation.

Optimiser vos vidéos pour l'algorithme de TikTok repose sur trois piliers : **maximiser la durée de visionnage, encourager les interactions** et **utiliser des transitions et un montage créatif** pour maintenir l'attention. En appliquant ces stratégies, vous augmenterez non seulement vos chances de voir vos vidéos promues sur la page **Pour Toi**, mais aussi d'attirer une audience plus large et engagée. TikTok valorise les vidéos qui captent rapidement l'attention et incitent à l'interaction, donc en suivant ces principes, vous optimiserez chaque vidéo pour qu'elle ait le potentiel de devenir virale.

TikTok est devenu une plateforme incontournable pour le partage de vidéos. Se démarquer sur cette plateforme nécessite de bien comprendre la **durée optimale des vidéos** et les meilleures pratiques pour capter l'attention de votre audience.

1. Durée maximale des vidéos TikTok

Initialement limitées à 60 secondes, les vidéos TikTok peuvent désormais durer jusqu'à **3 minutes** si enregistrées directement sur l'application, et jusqu'à **10 minutes** lorsqu'elles sont téléversées depuis un appareil externe. Cette extension permet de traiter des sujets plus approfondis, tout en offrant plus de flexibilité pour la monétisation à travers des publicités intégrées, notamment pour concurrencer YouTube.

2. Quelle est la durée idéale pour une vidéo TikTok ?

La **durée idéale** dépend du type de contenu, du public cible et des objectifs de la vidéo. Néanmoins, il est largement recommandé de rester dans des formats **courts et percutants**, surtout pour les contenus divertissants.

- **15 à 30 secondes** : Format idéal pour capter rapidement l'attention avec des challenges, des danses ou des blagues. Ces vidéos courtes sont plus susceptibles d'être visionnées en entier et d'inciter à l'interaction.
- **1 à 3 minutes** : Ce format convient pour les démonstrations, tutoriels ou partages d'astuces. Ces vidéos permettent de développer davantage un sujet tout en conservant un bon taux d'engagement.
- **3 à 10 minutes** : Destiné aux vidéos plus longues comme des podcasts, interviews ou reportages. Ce format est utile pour un contenu plus détaillé mais doit être bien structuré pour maintenir l'attention des utilisateurs.

3. S'adapter au format et au type de contenu

Chaque format vidéo sur TikTok a ses propres spécificités, que ce soit pour les stories (15 secondes), les lives (jusqu'à 3 heures), ou les duos (dépendant de la vidéo originale). Il est essentiel d'adapter la durée en fonction du message et de l'interaction attendue. Par exemple, les vidéos courtes de moins de 30 secondes conviennent mieux pour les contenus viraux et les challenges, tandis que les vidéos de plus de 1 minute sont plus efficaces pour les explications détaillées.

4. Adapter la durée en fonction du public

La durée idéale dépend aussi de votre audience. Un **public jeune** est souvent plus attiré par des contenus courts et dynamiques de moins de 30 secondes, tandis qu'un **public plus âgé** peut préférer des vidéos plus longues et informatives, allant jusqu'à 3 minutes ou plus.

5. Définir un objectif clair pour chaque vidéo

L'objectif de la vidéo influence également sa durée. Pour les vidéos destinées à **promouvoir un produit ou un service**, il est préférable de rester concis, en se limitant à 15 secondes. Pour **fidéliser une communauté**, des vidéos plus longues, autour d'une minute, peuvent favoriser l'engagement et renforcer le lien avec l'audience. Pour les contenus éducatifs ou divertissants, des formats allant jusqu'à 3 minutes permettent de mieux approfondir le sujet.

6. Conseils pour optimiser vos vidéos TikTok

- **Soignez le début et la fin** : Les premières secondes sont cruciales pour capter l'attention. Utilisez des accroches percutantes (questions, promesses) dès le départ. La fin doit inclure un **appel à l'action** incitant à commenter, partager ou visiter votre profil.

- **Variez le rythme et le ton** : Alternez les plans, les angles et les transitions pour rendre la vidéo plus visuelle et attractive. Jouez également sur l'intonation, la vitesse et les effets sonores pour maintenir l'intérêt.
- **Testez et analysez** : Utilisez les outils analytiques de TikTok pour suivre les performances de vos vidéos (vues, likes, commentaires). Cela vous permet d'ajuster votre stratégie et de trouver la durée idéale pour votre audience.

Il n'existe pas de durée universelle parfaite pour toutes les vidéos TikTok. La durée optimale dépend du **type de contenu**, de votre **audience cible**, et de l'**objectif** que vous souhaitez atteindre. Toutefois, les vidéos courtes, entre **15 et 30 secondes**, offrent souvent le meilleur rapport entre engagement et visibilité. Il est crucial d'optimiser chaque vidéo en soignant le début, en variant le rythme et en testant différents formats pour analyser ce qui fonctionne le mieux. Au-delà de la durée, la **qualité** et la **pertinence** du contenu restent les éléments déterminants pour réussir sur TikTok.

Pour réussir sur TikTok et maximiser vos chances de créer du contenu viral, il est tout aussi important de savoir **quoi faire** que de comprendre **ce qu'il faut éviter**. Les erreurs courantes peuvent rapidement diminuer l'engagement de vos vidéos, rendre votre contenu moins attrayant ou vous faire perdre des abonnés. Ce chapitre met en lumière les principales erreurs à éviter pour s'assurer de rester compétitif et pertinent sur la plateforme.

---

1. Ne pas suivre aveuglément les tendances sans ajouter de valeur personnelle

L'une des clés du succès sur TikTok est de suivre les **tendances**. Toutefois, il est essentiel de ne pas simplement copier ce que tout le monde fait sans y ajouter votre propre **touche personnelle**. L'algorithme de TikTok récompense la **créativité** et l'originalité, et les utilisateurs sont plus enclins à s'engager avec du contenu qui se démarque, même dans le cadre d'une tendance populaire.

Pourquoi c'est une erreur :

- **Contenu générique** : En suivant une tendance sans y apporter votre personnalité ou votre perspective unique, vous courez le risque de créer du contenu générique que les utilisateurs ont déjà vu des dizaines de fois. Cela peut rendre votre vidéo moins attrayante et réduire les chances qu'elle devienne virale.
- **Absence de différenciation** : Les créateurs qui se démarquent sur TikTok sont ceux qui parviennent à adapter les tendances à leur propre style, apportant ainsi une nouvelle dimension à des idées déjà populaires.

Que faire à la place :

- **Personnalisez les tendances** : Lorsque vous participez à une tendance, cherchez des moyens d'y intégrer votre **marque personnelle** ou une **touche créative**. Cela peut être un changement subtil dans la présentation, une nouvelle manière de raconter l'histoire ou une interprétation différente du challenge.

  Exemple : Si une tendance de danse devient virale, essayez de l'adapter à votre créneau (comme ajouter un élément humoristique, de fitness ou artistique selon votre contenu).

---

2. Éviter les vidéos trop longues ou celles qui n'ont pas de structure claire

Sur TikTok, l'**attention** des utilisateurs est une ressource précieuse et rare. Créer des vidéos qui sont trop longues ou mal structurées peut rapidement entraîner une perte d'intérêt, ce qui impacte directement votre taux de complétion. Une vidéo mal construite ou trop longue ne retiendra pas l'attention du spectateur, ce qui diminuera les performances de l'algorithme.

Pourquoi c'est une erreur :

- **Baisse du taux de complétion** : Si une vidéo est trop longue ou mal structurée, les utilisateurs risquent de la quitter avant la fin. Un faible taux de complétion envoie un signal à l'algorithme que votre vidéo n'est pas engageante.
- **Perte d'attention rapide** : Les spectateurs de TikTok sont habitués à consommer du contenu rapidement. Si votre vidéo met trop de temps à "décoller" ou devient confuse, ils passeront simplement à autre chose.

Que faire à la place :

- **Concentrez-vous sur la clarté et la concision** : Structurez vos vidéos de manière à transmettre rapidement le message principal. Un bon storytelling sur TikTok repose sur une **introduction claire**, un **développement concis** et une **conclusion engageante**.
- **Respectez la durée idéale** : Pour capter et maintenir l'attention, il est souvent préférable de rester dans des formats de **15 à 30 secondes**. Pour des vidéos plus longues, assurez-vous que chaque seconde soit engageante et nécessaire.

---

3. Importance de rester authentique

La **sincérité** et l'**authenticité** sont des valeurs fondamentales sur TikTok. Les utilisateurs préfèrent les créateurs qui apparaissent comme honnêtes et accessibles plutôt que ceux qui sont perçus comme artificiels ou calculés. Ne pas être authentique, que ce soit dans votre contenu ou dans vos interactions, peut aliéner votre audience et nuire à la construction d'une communauté fidèle.

Pourquoi c'est une erreur :

- **Manque de connexion avec l'audience** : Les utilisateurs de TikTok sont très sensibles à la sincérité. Si votre contenu semble trop "mis en scène" ou trop commercial sans authenticité, cela peut créer une barrière avec votre audience.
- **Désengagement à long terme** : Les créateurs qui tentent d'adopter un style ou un ton qui ne leur correspond pas risquent de perdre leur audience à long terme. Les spectateurs reviennent pour le **personnage unique** que

vous incarnez, et ils détectent rapidement si ce n'est pas authentique.

Que faire à la place :

- **Soyez vous-même** : N'essayez pas de ressembler à d'autres créateurs. Votre **personnalité** et votre **perspective unique** sont ce qui attirera et fidélisera vos abonnés. Que vous soyez drôle, sérieux ou inspirant, restez fidèle à vous-même.
- **Interagissez sincèrement** : Lorsque vous répondez aux commentaires ou interagissez avec votre audience, faites-le de manière honnête. Cela renforce le lien que vous avez avec vos abonnés et leur donne une raison de revenir vers votre contenu.

Éviter certaines erreurs courantes est essentiel pour réussir sur TikTok. Ne suivez pas aveuglément les tendances sans y ajouter votre valeur personnelle, car cela peut rendre votre contenu banal et peu engageant. Évitez également de créer des vidéos trop longues ou mal structurées, car cela entraîne une perte d'intérêt de la part des spectateurs. Enfin, l'authenticité est primordiale : les utilisateurs connectent davantage avec des créateurs qui sont sincères et honnêtes. En adoptant ces stratégies, vous maximiserez vos chances de capturer l'attention, d'engager votre audience et de prospérer sur TikTok.

Le prochain chapitre portera sur les **meilleures pratiques de collaboration** avec d'autres créateurs pour élargir votre portée et créer des vidéos encore plus captivantes.

Utiliser des comptes à thème pour maximiser la monétisation

Lorsqu'il s'agit de monétiser efficacement votre compte TikTok, la **cohérence** et la **spécialisation** sont des éléments essentiels pour attirer une audience fidèle et engagée. Créer un **compte à thème**, c'est-à-dire un compte qui se concentre sur un sujet unique ou une niche spécifique, est une stratégie puissante pour maximiser votre potentiel de monétisation. Dans ce chapitre, nous allons expliquer pourquoi se concentrer sur un seul thème aide à **mieux cibler votre audience**, à **fidéliser vos abonnés** et à **monétiser plus facilement**.

---

1. Pourquoi se concentrer sur un seul sujet aide à mieux cibler et à fidéliser ton audience

Les utilisateurs de TikTok apprécient la **clarté** et la **prévisibilité** dans le contenu qu'ils consomment. Lorsqu'un compte est **cohérent** dans son thème, il devient plus facile pour les spectateurs de savoir à quoi s'attendre à chaque vidéo. Cela renforce non seulement la fidélité de l'audience, mais aide également à attirer les bonnes personnes, celles qui sont réellement intéressées par ce que vous proposez.

Avantages de se concentrer sur un seul thème :

- **Audience ciblée** : En se concentrant sur un seul sujet, comme la mode, la cuisine, la tech, ou le fitness, vous attirez des utilisateurs qui sont spécifiquement intéressés par ce contenu. Cela permet de créer une **audience qualifiée**, plus susceptible de rester fidèle, de s'abonner et d'interagir avec vos vidéos.

  Exemple : Si votre compte est entièrement dédié à des conseils de fitness, les utilisateurs qui recherchent ce type de contenu savent qu'ils peuvent compter sur vous pour obtenir des vidéos sur ce sujet. Cela encourage les abonnements car vous devenez une **référence** dans votre domaine.

- **Renforcement de la crédibilité** : En vous spécialisant dans un domaine particulier, vous devenez une **figure d'autorité** sur ce sujet. Les utilisateurs seront plus enclins à vous faire confiance pour obtenir des conseils ou des recommandations, ce qui est un atout précieux pour la monétisation.

  Exemple : Un compte qui partage régulièrement des astuces de maquillage peut rapidement devenir un **influenceur crédible** dans le domaine de la beauté, attirant des partenariats avec des marques cosmétiques.

- **Meilleure reconnaissance de marque** : Un compte à thème aide à renforcer votre **image de marque**. Votre contenu devient immédiatement reconnaissable, et les utilisateurs associent votre compte à un domaine spécifique. Cela aide à attirer des collaborations avec des marques alignées sur votre niche.

  Exemple : Si vous avez un compte dédié à la cuisine, les marques d'alimentation ou d'ustensiles de cuisine seront plus intéressées à collaborer avec vous, sachant que votre audience correspond à leur cible.

Fidélisation de l'audience :

- **Constance dans la production de contenu** : Lorsque votre contenu suit un **fil rouge**, les spectateurs reviennent car ils savent que vous produisez exactement ce qu'ils recherchent. Vous n'avez pas besoin de vous éparpiller sur plusieurs sujets pour plaire à votre audience.

- **Engagement** : Plus votre thème est spécifique, plus il est facile d'interagir de manière significative avec votre communauté. Vous pouvez poser des questions ou lancer des sondages qui résonnent profondément avec votre audience, car vous connaissez précisément leurs intérêts.

  Exemple : Sur un compte de fitness, vous pouvez régulièrement demander à votre audience quels types d'entraînements ou de conseils nutritionnels ils souhaitent voir, ce qui renforce l'engagement et crée un sentiment de communauté.

---

2. Avantages des comptes spécialisés

Les comptes spécialisés, qui se concentrent sur une niche particulière, offrent plusieurs avantages tant en termes de **croissance** qu'en termes de **monétisation**. Plus vous êtes précis dans votre sujet, plus vous avez de chances de toucher une audience fidèle, et donc de collaborer avec des marques ou d'autres créateurs pour des opportunités de revenus.

Pourquoi les comptes spécialisés sont plus efficaces :

- **Cohérence de l'audience** : Les comptes généralistes peuvent attirer une audience plus large, mais souvent moins engagée. En revanche, les comptes spécialisés attirent des abonnés qui partagent une passion ou un intérêt commun, augmentant ainsi les chances qu'ils interagissent régulièrement avec votre contenu.

  Exemple : Un compte de recettes de cuisine végétalienne sera plus attractif pour une audience spécifique qui cherche ce type de contenu, par rapport à un compte qui mélange des recettes de tous genres.

- **Monétisation facilitée** : Avec un compte à thème, il est plus facile de **monétiser** via des partenariats, du sponsoring ou des collaborations avec des marques. Les entreprises recherchent souvent des créateurs avec une **audience ciblée**, car cela garantit que leurs produits ou services atteindront les bonnes personnes.

  Exemple : Si vous avez un compte dédié à la technologie, les marques de gadgets, de logiciels ou d'accessoires seront plus intéressées à sponsoriser votre contenu, car elles savent que votre audience est composée d'amateurs de tech.

- **Meilleure segmentation pour les campagnes publicitaires** : Les comptes à thème facilitent la segmentation pour les marques et les publicités. Si votre contenu est bien ciblé, vous êtes plus susceptible d'attirer des campagnes payantes adaptées à votre niche, ce qui peut augmenter vos revenus.

Exemples de comptes spécialisés :

1. **Tech** : Un compte dédié aux critiques de gadgets, aux astuces pour les appareils électroniques, ou aux comparatifs de smartphones peut attirer des marques d'électronique et des collaborations avec des sites de e-commerce.
2. **Cuisine** : Les comptes spécialisés dans une niche de cuisine (cuisine végétarienne, pâtisserie, etc.) peuvent attirer des marques de produits alimentaires, des partenariats avec des ustensiles de cuisine, ou des sponsors pour des ateliers culinaires en ligne.
3. **Mode** : Un compte dédié à la mode, à la beauté ou aux conseils de style peut attirer des marques de vêtements, de cosmétiques ou d'accessoires à la recherche de partenariats avec des influenceurs spécialisés dans la mode.

4. **Fitness** : Les comptes qui se concentrent sur le fitness, la nutrition ou le bien-être peuvent collaborer avec des marques de vêtements de sport, des programmes de fitness en ligne ou des produits de nutrition.

Pourquoi ce modèle fonctionne :

- **Fidélité de l'audience** : Les abonnés des comptes spécialisés reviennent régulièrement car ils savent qu'ils trouveront du contenu spécifiquement adapté à leurs intérêts. Cela crée une audience plus fidèle et engagée, prête à interagir avec vos vidéos, et à consommer vos conseils et recommandations.
- **Opportunités de croissance** : En vous concentrant sur une niche, vous pouvez également devenir une **référence** dans ce domaine, attirant non seulement des marques, mais aussi une plus grande couverture médiatique et des collaborations avec d'autres créateurs spécialisés dans des domaines connexes.

Les **comptes à thème** sont une stratégie puissante pour maximiser la monétisation sur TikTok. En vous concentrant sur un seul sujet, vous attirez une audience qualifiée et fidèle, ce qui facilite la croissance et l'engagement. De plus, les comptes spécialisés sont particulièrement attractifs pour les marques, ce qui vous ouvre la porte à des opportunités lucratives de partenariats et de collaborations. La clé du succès réside dans la **cohérence**, la **spécialisation** et la **fidélité** à votre thème, qui vous aideront à vous démarquer et à transformer votre compte en une véritable source de revenus.

Les **hashtags** jouent un rôle crucial dans la visibilité et la viralité des vidéos sur TikTok. Ils permettent de **catégoriser** le contenu, de le **rendre découvrable** par l'audience cible, et d'**améliorer l'engagement** avec les utilisateurs. Cependant, une mauvaise utilisation des hashtags peut avoir l'effet inverse, affectant négativement la portée de vos vidéos et, dans certains cas, conduisant même à un shadow ban. Ce chapitre détaillera l'impact des hashtags sur TikTok et comment les utiliser efficacement pour maximiser vos résultats.

---

1. Améliorer la découvrabilité et la viralité

Les hashtags sur TikTok fonctionnent comme un outil de **découverte** qui aide l'algorithme à comprendre le type de contenu que vous publiez et à le montrer aux bons utilisateurs. Lorsque vous utilisez des hashtags pertinents, votre vidéo a plus de chances d'apparaître dans les recherches associées à ces hashtags, ainsi que dans les **pages "Pour Toi" (For You Page)** des utilisateurs intéressés par ces sujets.

Exemple :
Si vous créez une vidéo sur un tutoriel de maquillage, l'utilisation de hashtags comme #makeuptutorial ou #beautytips peut aider les personnes recherchant ce type de contenu à découvrir vos vidéos. De même, l'algorithme pourra proposer votre vidéo à des utilisateurs qui regardent fréquemment du contenu lié à la beauté.

Conseil : Utilisez un **mélange de hashtags populaires et de niche**. Les hashtags populaires augmentent la probabilité que votre vidéo soit vue par un large public, tandis que les hashtags de niche vous aident à toucher une audience plus ciblée.

2. Participer aux tendances et challenges

TikTok est célèbre pour ses **challenges** et **tendances** virales, et les hashtags jouent un rôle central dans leur propagation. En participant à ces tendances à travers l'utilisation de hashtags spécifiques, vous augmentez vos chances de capitaliser sur la viralité et d'atteindre un large public.

Exemple   :
Supposons qu'un challenge appelé #DanceChallenge soit populaire. Si vous créez une vidéo où vous relevez ce défi, l'ajout de ce hashtag pourrait attirer l'attention des utilisateurs qui suivent ce challenge, et votre vidéo pourrait être poussée par l'algorithme à cause de la popularité de ce hashtag.

Conseil : Soyez réactif et restez à l'affût des tendances. Plus tôt vous participerez à un challenge en utilisant le hashtag approprié, plus vos chances d'être découvert augmentent. TikTok récompense souvent les créateurs qui suivent rapidement les tendances populaires.

3. L'algorithme et les hashtags : Comment ils influencent le classement

L'algorithme de TikTok évalue plusieurs éléments pour déterminer la visibilité d'une vidéo, y compris les **hashtags**. Voici quelques-unes des façons dont les hashtags influencent l'algorithme :

- **Pertinence du contenu** : L'algorithme analyse les hashtags que vous utilisez pour déterminer le thème de votre vidéo. Si vos hashtags correspondent bien au contenu, TikTok pourra suggérer votre vidéo à un public spécifique.

- **Popularité des hashtags** : Utiliser des hashtags populaires peut donner un coup de pouce à la visibilité de vos vidéos, mais cela ne garantit pas nécessairement un succès, car la concurrence est plus élevée.
- **Engagement lié aux hashtags** : Si votre vidéo reçoit beaucoup d'engagement (likes, partages, commentaires) sur des hashtags spécifiques, cela indique à l'algorithme que votre vidéo est pertinente pour ce sujet, ce qui augmentera encore sa visibilité.

Conseil : Ne surchargez pas votre vidéo avec trop de hashtags. Idéalement, utilisez **3 à 5 hashtags** pertinents pour garder une cohérence avec le contenu.

---

4. L'impact négatif des hashtags : pièges à éviter

Bien que les hashtags soient extrêmement puissants, ils peuvent aussi nuire à la portée de votre vidéo si mal utilisés. Voici quelques erreurs courantes à éviter :

a. Utiliser des hashtags non pertinents

Utiliser des hashtags populaires simplement parce qu'ils sont tendance, mais qui n'ont rien à voir avec votre contenu, peut pénaliser la portée de votre vidéo. TikTok valorise la pertinence, donc l'utilisation de hashtags qui ne correspondent pas au contenu peut entraîner une faible visibilité, voire être signalée comme du **spam** par l'algorithme.

Exemple   :
Si vous créez une vidéo de fitness, utiliser des hashtags comme #fyp (For You Page) ou #viral sans ajouter de hashtags

spécifiques à votre vidéo (#workout, #fitnesstips) pourrait limiter la visibilité.

b. Utiliser des hashtags bannis

TikTok a une liste de **hashtags bannis** qui ne sont plus autorisés en raison de leur contenu inapproprié ou trompeur. Utiliser l'un de ces hashtags peut entraîner une réduction de la portée de vos vidéos et, dans certains cas, un **shadow ban**.

Conseil : Faites des recherches sur les hashtags que vous utilisez et assurez-vous qu'ils ne figurent pas sur une liste de hashtags interdits.

c. Abuser de hashtags généralistes

Certains créateurs ont tendance à abuser des hashtags trop généralistes comme **#FYP** ou **#ForYouPage**, pensant que cela augmentera la visibilité de leurs vidéos. En réalité, cela n'a pas un impact aussi important que l'on pourrait le croire, car la concurrence sur ces hashtags est énorme.

Conseil : Concentrez-vous sur des hashtags spécifiques à votre contenu ou à votre niche. Si vous voulez tout de même utiliser #FYP, associez-le à d'autres hashtags plus ciblés.

---

5. Mesurer l'impact des hashtags grâce aux statistiques TikTok

Une fois que vous avez publié vos vidéos avec des hashtags, vous pouvez utiliser les **outils d'analyse TikTok** (disponibles pour les comptes Pro) pour évaluer l'efficacité de vos hashtags. Ces statistiques vous indiqueront combien de vues ont été générées à partir de recherches liées à vos hashtags et quel a été leur impact sur votre engagement global.

Comment suivre les performances des hashtags :

1. **Accédez à votre profil** et sélectionnez **"Outils pour les créateurs"**.
2. Cliquez sur **"Statistiques"** et sélectionnez la vidéo pour laquelle vous souhaitez analyser les données.
3. Vous y trouverez des informations sur la source des vues de la vidéo, notamment si elles proviennent de la **section Pour Toi**, de la **page de recherche**, ou des **hashtags spécifiques**.

Conseil : Expérimentez avec différents types de hashtags et suivez les performances pour comprendre ce qui fonctionne le mieux pour votre audience.

Les hashtags sont un outil puissant sur TikTok, mais comme tout outil, ils doivent être utilisés de manière stratégique pour maximiser leur impact. En choisissant des hashtags pertinents, en participant aux tendances, et en évitant les erreurs courantes comme l'utilisation de hashtags bannis ou non pertinents, vous pouvez améliorer considérablement la visibilité et l'engagement de vos vidéos. Utilisez les outils analytiques pour suivre l'efficacité de vos hashtags et ajustez votre stratégie en fonction des résultats obtenus. En fin de compte, une utilisation réfléchie des hashtags vous aidera à élargir votre audience et à améliorer vos chances de succès et de monétisation sur TikTok.

Choisir des **hashtags pertinents** sur TikTok est essentiel pour maximiser la portée de vos vidéos, attirer la bonne audience, et augmenter l'engagement. Voici un guide détaillé pour vous aider à sélectionner les hashtags les plus adaptés à votre contenu.

1. Comprendre le but des hashtags

Avant de choisir vos hashtags, il est important de comprendre leur fonction. Les hashtags servent à :

- **Catégoriser votre contenu** : Les hashtags permettent de regrouper votre vidéo avec d'autres contenus similaires.
- **Rendre votre vidéo découvrable** : Ils aident les utilisateurs à trouver votre contenu lorsqu'ils recherchent des sujets spécifiques.
- **Augmenter la portée** : Les bons hashtags peuvent vous aider à atteindre une audience plus large, au-delà de vos abonnés actuels.

Le choix des hashtags doit donc refléter à la fois **ce que votre vidéo représente** et **ce que votre audience cible est susceptible de rechercher**.

2. Connaître votre audience et votre niche

Le premier pas pour choisir des hashtags pertinents est de bien connaître votre **audience cible** et le **type de contenu** que vous proposez. Si votre contenu appartient à une niche spécifique, il est important de choisir des hashtags qui résonnent avec cette communauté.

Exemple :

- Si vous êtes dans le domaine du **fitness**, des hashtags comme #workout, #fitnessgoals ou #homeworkout seront pertinents.
- Si votre niche est la **mode**, vous pourriez utiliser des hashtags comme #fashiontips, #outfitideas, ou #streetstyle.

Conseil : Identifiez les **centres d'intérêt** de votre audience. Quels sont les termes qu'ils recherchent ou utilisent fréquemment ? Utilisez des hashtags qui correspondent à ces termes pour augmenter la probabilité que votre vidéo soit vue par la bonne audience.

---

3. Rechercher les tendances et hashtags populaires

Une stratégie clé pour choisir des hashtags pertinents consiste à rechercher les **tendances actuelles** sur TikTok. Participer aux tendances populaires peut augmenter considérablement la visibilité de votre vidéo.

Voici comment trouver des hashtags tendance :

- **Explorer la page "Découvrir"** : Cette page vous montre les hashtags qui sont actuellement populaires sur TikTok. Vous pouvez filtrer par catégories (musique, challenges, etc.) pour trouver ceux qui correspondent à votre contenu.
- **Observer d'autres créateurs dans votre niche** : Analysez les vidéos des créateurs qui évoluent dans votre domaine. Quels hashtags utilisent-ils ? Suivez les tendances de votre niche pour capter une audience similaire.

Exemple :

- Si vous remarquez que le challenge #GlowUpChallenge est populaire, et que votre vidéo correspond à cette tendance, l'ajout de ce hashtag peut augmenter vos chances d'être vu.
- Pour une vidéo humoristique, un hashtag tendance comme #FunnyTikTok pourrait attirer un large public.

Conseil : Combinez **hashtags tendances** et **hashtags de niche**. Les hashtags populaires augmenteront votre portée immédiate, tandis que les hashtags spécifiques à votre créneau attireront une audience plus ciblée et engagée.

---

4. Utiliser des hashtags de niche pour une audience ciblée

Les **hashtags de niche** sont des mots-clés plus spécifiques et moins compétitifs qui aident à atteindre une audience particulière, intéressée par votre sujet. Contrairement aux hashtags populaires, qui attirent une audience large, les hashtags de niche vous permettent de vous concentrer sur des personnes vraiment intéressées par votre contenu.

Exemple :

- Au lieu d'utiliser simplement #fitness (qui est très général et compétitif), vous pourriez choisir des hashtags plus spécifiques comme #strengthtraining ou #yogaflow.
- Si vous créez du contenu de cuisine, plutôt que d'utiliser uniquement #cooking, essayez des hashtags comme #veganrecipes ou #easymeals.

Conseil : Ne négligez pas les **petits hashtags**. Même si un hashtag est utilisé par un nombre limité de personnes, il peut vous permettre de toucher une audience très engagée et intéressée par votre sujet.

5. Ne pas surcharger votre vidéo de hashtags

Bien que TikTok permette d'ajouter plusieurs hashtags à une vidéo, **trop de hashtags** peuvent nuire à la performance de celle-ci. Il est préférable de privilégier la qualité à la quantité.

Pourquoi éviter de surcharger en hashtags ?

- Un excès de hashtags peut **dérouter l'algorithme** qui ne saura pas comment classer précisément votre vidéo.
- Cela peut également **diluer le message** que vous voulez faire passer à votre audience.

Combien de hashtags utiliser ?

- **3 à 5 hashtags pertinents** sont souvent suffisants pour améliorer la portée sans saturer l'algorithme.

Conseil : Soyez stratégique et utilisez un mélange de hashtags populaires, de niche et spécifiques au contenu.

6. Utiliser des hashtags spécifiques à votre contenu

Les hashtags doivent toujours être **pertinents** pour le contenu que vous publiez. Un des moyens les plus efficaces de choisir des hashtags est de penser à **ce que votre vidéo représente vraiment**. Posez-vous les questions suivantes :

- Quel est le **sujet principal** de ma vidéo ?
- Que va **apprendre ou ressentir** mon audience en regardant cette vidéo ?
- Quel est le **but** de cette vidéo (divertissement, éducation, tutoriel, etc.) ?

Exemple :

- Si vous partagez une vidéo sur la **méditation**, les hashtags comme #relaxation, #mindfulness, et #guidedmeditation seront plus appropriés que des hashtags comme #fyp ou #viral, qui sont trop généralistes.

---

7. Expérimenter avec différents hashtags et suivre les performances

Une partie importante du processus est d'**expérimenter** avec différents hashtags et de voir lesquels fonctionnent le mieux pour votre contenu. TikTok vous offre des outils d'analyse pour suivre les performances de vos vidéos, y compris la visibilité générée par les hashtags.

Comment suivre les performances des hashtags :

1. Allez dans **"Outils pour les créateurs"** sur votre profil TikTok.
2. Cliquez sur **"Statistiques"** et consultez les performances de vos vidéos.
3. Analysez quels hashtags ont contribué à augmenter vos vues et engagements.

Conseil : Utilisez ces données pour ajuster vos futurs hashtags. Essayez de nouveaux hashtags pour découvrir de nouvelles opportunités de visibilité.

---

8. Éviter les hashtags interdits ou inappropriés

Certains hashtags sont **interdits** ou **restreints** par TikTok, généralement en raison de contenu inapproprié ou trompeur. Utiliser ces hashtags peut nuire à la portée de votre vidéo ou même entraîner un **shadow ban**.

Exemple :

- Des hashtags liés à des sujets controversés, offensants ou dangereux peuvent être interdits. Avant d'utiliser un hashtag, assurez-vous qu'il ne figure pas sur une liste restreinte.

Conseil : Avant d'ajouter un hashtag, recherchez-le pour vous assurer qu'il est encore actif et pertinent sur TikTok.

Choisir des hashtags pertinents sur TikTok est un élément clé pour maximiser la portée et l'engagement de vos vidéos. Il est important de trouver un équilibre entre les **hashtags populaires**, qui peuvent augmenter rapidement la visibilité, et les **hashtags de niche**, qui attireront une audience ciblée et engagée. En suivant les tendances, en expérimentant avec différents hashtags, et en surveillant leurs performances, vous pouvez perfectionner votre stratégie et utiliser les hashtags pour atteindre une audience plus large tout en restant fidèle à votre contenu.

N'oubliez pas d'utiliser des **hashtags spécifiques** à votre vidéo et à votre niche, d'éviter les hashtags interdits, et de limiter le nombre de hashtags pour ne pas surcharger votre contenu. En utilisant ces conseils, vous augmenterez vos chances de faire apparaître vos vidéos dans la page "Pour Toi" et d'attirer plus d'abonnés, maximisant ainsi vos opportunités de monétisation.

Les **hashtags les plus efficaces** sur TikTok dépendent de plusieurs facteurs, notamment votre niche, les tendances actuelles, et le type de contenu que vous produisez. Cependant, certains hashtags sont globalement populaires et efficaces pour **améliorer la visibilité** et **attirer l'attention** sur vos vidéos. Voici une liste des hashtags efficaces, avec des explications sur leur utilisation, et comment maximiser leur potentiel.

---

1. Hashtags populaires et généralistes

Ces hashtags sont souvent utilisés par une large audience et sont très compétitifs. Même s'ils sont génériques, ils peuvent aider à toucher une large audience si l'algorithme juge votre contenu engageant.

- **#fyp / #foryou / #foryoupage** :
  Ces hashtags sont parmi les plus utilisés sur TikTok. Ils sont censés aider à faire apparaître vos vidéos sur la page **Pour Toi** (For You Page), où les vidéos ont une forte probabilité de devenir virales. Bien qu'ils soient très populaires, leur efficacité réelle dépend de la qualité et de l'engagement de votre contenu.
- **#viral** :
  Ce hashtag est souvent utilisé dans l'espoir de faire décoller une vidéo. Il peut aider à donner un coup de pouce, surtout si votre vidéo présente un contenu susceptible d'attirer beaucoup d'engagement rapidement.
- **#trending** :
  Utilisé pour indiquer que votre vidéo participe à une tendance ou un challenge actuel. Ce hashtag attire les utilisateurs à la recherche de contenu tendance.

Conseil : Combinez ces hashtags populaires avec des hashtags plus spécifiques et pertinents pour maximiser l'impact. Ils sont très compétitifs, donc l'algorithme privilégiera votre vidéo uniquement si elle est engageante et attire une bonne durée de visionnage.

---

2. Hashtags liés aux tendances et challenges

Les **hashtags de tendances** et **challenges** sont parmi les plus efficaces pour **obtenir rapidement de la visibilité**, car TikTok favorise ces vidéos dans son algorithme. Participer à un challenge ou une tendance en utilisant les bons hashtags peut rendre votre vidéo virale.

- **#ChallengeName** (remplacez par le nom du challenge actuel) :
  Par exemple, si un challenge appelé **#GlowUpChallenge** est populaire, en participant et en utilisant ce hashtag, vous augmentez vos chances d'apparaître sur la page Pour Toi des utilisateurs intéressés par ce challenge.
- **#DanceChallenge / #LipSyncChallenge** :
  Ce type de hashtag est couramment utilisé pour les vidéos liées à la danse ou au playback, des genres extrêmement populaires sur TikTok. Les challenges liés à la danse sont souvent parmi les plus partagés et visualisés.
- **#duet / #duetthis** :
  Les vidéos en duo sont très appréciées, et utiliser ce hashtag lorsque vous faites un duo avec une vidéo populaire peut propulser votre contenu. Le **duet** est un format que l'algorithme de TikTok valorise.

Conseil : Suivez régulièrement la page **Découvrir** de TikTok pour être au courant des hashtags tendance actuels, et intégrez ces challenges dans votre contenu pour maximiser vos chances de viralité.

---

3. Hashtags spécifiques à une niche

Les hashtags **de niche** sont des mots-clés spécifiques à votre domaine d'expertise ou au sujet que vous traitez. Ils sont moins compétitifs que les hashtags populaires, mais ils attirent une audience plus ciblée et engagée, ce qui est crucial pour la croissance à long terme et la monétisation.

- **#FitnessTips / #Workout / #FitTok** :
  Si vous êtes dans le domaine du fitness, ces hashtags sont parfaits pour toucher une audience passionnée par les conseils de remise en forme et les routines d'entraînement.
- **#BeautyTips / #MakeupTutorial / #Skincare** :
  Pour les créateurs de contenu dans l'univers de la beauté, ces hashtags permettent de rejoindre une communauté dédiée aux conseils de maquillage, soins de la peau et tendances beauté.
- **#CookingHacks / #Foodie / #VeganRecipes** :
  Les créateurs de contenu autour de la cuisine et de la nourriture peuvent utiliser ces hashtags pour attirer des utilisateurs à la recherche de recettes, de conseils culinaires ou de nouvelles idées de repas.
- **#TechReviews / #GadgetReviews / #Unboxing** :
  Dans le domaine de la technologie, ces hashtags sont efficaces pour toucher une audience intéressée par les nouveaux gadgets, les critiques technologiques et les déballages de produits.

Conseil : Assurez-vous que vos hashtags correspondent exactement au contenu de la vidéo. Cela permet à TikTok de mieux classer vos vidéos et de les montrer à une audience pertinente.

---

4. Hashtags pour maximiser l'engagement

Ces hashtags sont conçus pour **encourager les utilisateurs** à interagir avec votre contenu, soit en **commentant**, en **aimant** ou en **partageant**. Les vidéos avec un fort taux d'interaction sont souvent mieux classées par l'algorithme de TikTok.

- **#CommentBelow / #DuetThis** : Ces hashtags encouragent les spectateurs à interagir directement avec votre vidéo en commentant ou en réalisant un duo.
- **#LikeForPart2 / #FollowForMore** : Si vous proposez une série de vidéos ou si vous souhaitez inciter les utilisateurs à suivre votre compte pour la suite, ces hashtags peuvent encourager l'engagement et la fidélisation.

Conseil : Assurez-vous que l'appel à l'action est clair et cohérent avec votre vidéo. Les utilisateurs sont plus enclins à interagir si vous proposez du contenu engageant.

---

5. Hashtags de localisation ou de langue

Les **hashtags de localisation** sont efficaces pour cibler une audience spécifique basée dans une région ou un pays. Cela peut être particulièrement utile si vous avez une audience locale ou si vous souhaitez participer à des événements ou challenges régionaux.

- **#ParisTikTok / #FranceTikTok** :
  Utilisez des hashtags qui ciblent des villes ou des pays spécifiques pour toucher des utilisateurs basés dans une région particulière.
- **#FrenchTikTok / #SpanishTikTok** :
  Si vous produisez du contenu en français ou dans une autre langue, ces hashtags permettent de cibler une communauté linguistique spécifique.

Conseil : Ces hashtags peuvent être combinés avec des hashtags populaires pour toucher à la fois une audience locale et une audience plus large.

---

6. Hashtags liés à des événements ou moments spécifiques

Les hashtags basés sur des **événements saisonniers** ou des **fêtes** sont souvent recherchés par les utilisateurs pendant des périodes spécifiques de l'année. Participer à ces moments peut considérablement augmenter la visibilité de vos vidéos.

- **#HolidaySeason / #ChristmasTikTok** :
  Utilisez ces hashtags pendant les périodes de fêtes pour atteindre une audience large qui recherche du contenu lié aux vacances ou aux célébrations.
- **#NewYearGoals / #SummerVibes** :
  Ces hashtags saisonniers peuvent vous aider à attirer une audience spécifique à certains moments de l'année.

---

7. Hashtags en lien avec la communauté TikTok

Il existe des hashtags spécifiques à des **communautés TikTok** particulières, également appelées **sous-cultures**, qui sont populaires sur la plateforme. Ces communautés sont très engagées et se rassemblent autour de centres d'intérêt communs.

- **#BookTok** : Pour les amateurs de lecture, ce hashtag est dédié aux livres, aux recommandations de lecture et aux discussions littéraires.
- **#ArtTok** : Si vous êtes un créateur d'art ou un passionné de création, ce hashtag est parfait pour attirer une communauté d'artistes.

Conseil : Si votre contenu correspond à l'une de ces sous-cultures, utilisez leurs hashtags pour attirer une communauté très engagée.

Les hashtags les plus efficaces sur TikTok sont ceux qui sont à la fois **pertinents pour votre contenu** et **engageants pour votre audience cible**. En combinant des hashtags populaires pour élargir votre portée, des hashtags de niche pour attirer une audience ciblée, et des hashtags de tendance pour capitaliser sur les challenges actuels, vous pouvez maximiser la visibilité et l'engagement de vos vidéos.

Assurez-vous d'expérimenter avec différents hashtags, de suivre les tendances de TikTok, et d'utiliser les outils analytiques pour voir quels hashtags fonctionnent le mieux. Cela vous permettra de perfectionner votre stratégie de hashtags et d'augmenter vos chances de succès et de monétisation sur la plateforme.

Sur TikTok, certains **hashtags sont interdits** ou restreints parce qu'ils peuvent violer les règles de la communauté ou être associés à des comportements jugés inappropriés, dangereux, ou nuisibles. L'utilisation de ces hashtags peut entraîner une **réduction de la portée** de vos vidéos, un **shadow ban**, ou même une **suppression de contenu**.

Voici les principales raisons pour lesquelles des hashtags sont interdits sur TikTok, ainsi que des exemples et des conseils pour éviter d'utiliser ces hashtags problématiques.

---

1. Hashtags liés à des contenus inappropriés ou dangereux

TikTok a des règles strictes concernant le contenu jugé inapproprié, qui inclut :

- La **nudité** ou le **contenu sexuellement explicite**.
- La **violence** ou les comportements incitant à la violence.
- Les contenus qui peuvent nuire à la **santé mentale** ou **physique**, comme ceux encourageant des comportements dangereux, l'automutilation, les troubles alimentaires, etc.

Exemples de hashtags interdits ou restreints :

- **#NSFW** (Not Safe For Work) : Utilisé souvent pour des contenus inappropriés pour un environnement professionnel.
- **#Thinspo** ou **#ProAna** : Ces hashtags sont liés à la promotion de comportements alimentaires dangereux comme l'anorexie ou la glorification de la maigreur extrême.

173

- **#Cutting** ou **#SelfHarm** : Promouvoir ou glorifier l'automutilation peut entraîner une suppression directe de la vidéo et un bannissement de votre compte.

Conseil : TikTok surveille activement ces hashtags et leurs dérivés pour assurer un environnement sûr. Assurez-vous de ne pas utiliser de hashtags ou de contenus qui encouragent des comportements dangereux.

---

2. Hashtags liés à la désinformation

La **désinformation**, notamment autour des sujets de santé, de politique, ou de science, est un problème croissant sur les réseaux sociaux. TikTok prend des mesures pour limiter la propagation de fausses informations et restreindre l'utilisation de hashtags associés à ce type de contenu.

Exemples de hashtags interdits :

- **#FakeNews** : Tout hashtag qui promeut ou fait référence à des informations fausses ou trompeuses est restreint.
- **#AntiVax** : Utilisé par les mouvements anti-vaccins pour diffuser des informations fausses ou non fondées sur les vaccins, ce hashtag est banni ou restreint sur TikTok.

Conseil : Restez informé et partagez des informations fiables, surtout lorsqu'il s'agit de sujets sensibles comme la santé publique ou les questions politiques. Évitez d'utiliser des hashtags qui propagent des idées fausses ou controversées.

---

3. Hashtags associés à des comportements illégaux

TikTok interdit strictement les contenus qui encouragent des **activités illégales**, comme l'utilisation de drogues, la violence ou les crimes.

Exemples de hashtags interdits :

- **#Drugs** ou **#Weed** : Les hashtags faisant la promotion de l'usage de drogues, de substances illicites, ou tout contenu lié à leur consommation ou distribution sont restreints.
- **#Violence** ou **#Fight** : Les hashtags qui incitent à la violence ou qui montrent des altercations physiques peuvent entraîner un bannissement.

Conseil : Respectez les lois et les règles de TikTok. Les contenus ou hashtags associés à des activités illégales risquent de provoquer des sanctions immédiates, telles que des suspensions de compte.

---

4. Hashtags liés à des contenus sexuellement explicites ou pornographiques

Bien que TikTok soit une plateforme accessible à un public jeune, certains utilisateurs essaient de contourner les règles en publiant des contenus à caractère sexuel en utilisant des hashtags à double sens ou des termes camouflés.

Exemples de hashtags interdits :

- **#Nude** ou **#Nudes** : TikTok n'autorise aucun contenu explicite, et l'utilisation de ces hashtags est strictement interdite.
- **#Sextape** : Tout contenu suggérant des actes sexuels ou de la pornographie est interdit.

- **#OnlyFans** : Même si la plateforme **OnlyFans** peut être utilisée à des fins diverses, elle est souvent associée à des contenus explicites, ce qui conduit à des restrictions sur TikTok.

Conseil : Évitez d'utiliser des hashtags, des termes ou des abréviations liés à du contenu sexuellement explicite, même subtilement. L'algorithme de TikTok est capable de détecter des dérivés ou des variantes de ces hashtags.

---

5. Hashtags relatifs à des discours de haine ou discriminatoires

TikTok est strict sur les contenus qui incitent à la **haine** ou qui discriminent en raison de l'**origine ethnique**, de la **religion**, de l'**orientation sexuelle**, ou du **genre**. Les hashtags incitant à la haine ou promouvant des discours racistes, sexistes ou homophobes sont strictement bannis.

Exemples de hashtags interdits :

- **#HateSpeech** : Les contenus incitant à la haine sont immédiatement restreints.
- **#Racist / #Homophobic** : Les hashtags incitant à la haine envers des groupes spécifiques sont bannis.

Conseil : Assurez-vous que vos vidéos et hashtags respectent les valeurs de diversité et d'inclusion prônées par TikTok. Tout discours haineux entraînera des sanctions immédiates.

---

6. Hashtags cachés ou subtils pour contourner les règles

Certains utilisateurs tentent de contourner les restrictions de TikTok en créant des **variantes subtiles** de hashtags interdits ou en utilisant des **abréviations**. L'algorithme de TikTok est capable de repérer ces pratiques, et l'utilisation de tels hashtags peut entraîner des restrictions.

Exemples de pratiques interdites :

- Utiliser des variantes de hashtags comme **#Nvd** à la place de **#Nude**, ou **#Pn** au lieu de **#Porn**.
- Créer des **abréviations ou termes codés** pour dissimuler des contenus inappropriés.

Conseil : Ne tentez pas de tromper l'algorithme avec des variations ou abréviations de hashtags interdits. TikTok surveille activement ces pratiques, et cela pourrait entraîner un **shadow ban** ou des sanctions plus graves.

Comment éviter l'utilisation de hashtags interdits

1. **Vérifiez les hashtags avant de les utiliser** : Faites une recherche rapide sur TikTok pour voir si un hashtag est actif ou restreint. Si vous ne voyez pas de contenu récent associé à ce hashtag, il est probable qu'il soit restreint.
2. **Utilisez des hashtags pertinents et positifs** : Assurez-vous que les hashtags que vous utilisez sont en lien avec votre contenu et ne violent aucune règle de la communauté. Privilégiez des hashtags qui valorisent des comportements positifs et constructifs.
3. **Respectez les règles de la communauté** : TikTok est très strict en matière de contenu inapproprié. Lisez régulièrement les **guidelines de la communauté** pour vous assurer que votre contenu et vos hashtags respectent les normes.
4. **Utilisez des outils d'analyse** : Si vous soupçonnez que votre compte ou vos vidéos sont affectés par l'utilisation

d'un mauvais hashtag, consultez les **outils analytiques de TikTok** pour vérifier la portée de vos vidéos et ajuster vos stratégies en conséquence.

TikTok met en place des **restrictions strictes** pour garantir que la plateforme reste un espace sûr, inclusif et adapté à tous les âges. L'utilisation de hashtags interdits peut entraîner des sanctions sévères, allant de la **limitation de la portée** à la **suppression de contenu**, voire au **bannissement de compte**. En restant informé des hashtags à éviter et en utilisant ceux qui sont pertinents et respectueux des règles de la communauté, vous pourrez maximiser la portée de vos vidéos tout en évitant les sanctions.

Vendre des produits sur TikTok peut être une méthode très efficace pour monétiser votre audience et transformer votre présence sur la plateforme en une source de revenus. Grâce à son large public et à son engagement élevé, TikTok est une plateforme idéale pour **promouvoir et vendre des produits**, qu'ils soient physiques ou numériques. Voici quelques idées de produits que vous pouvez vendre avec succès sur TikTok, en fonction de votre niche et de votre audience.

---

1. Vêtements et accessoires (Merchandising)

Si vous avez une base de fans fidèle ou un style de contenu distinctif, le merchandising peut être un excellent moyen de monétiser votre audience. Les vêtements et accessoires personnalisés sont des produits populaires sur TikTok, car ils permettent aux créateurs de vendre des articles qui reflètent leur personnalité ou leur marque.

Exemples de produits à vendre :

- **T-shirts, sweats à capuche, et casquettes** avec votre logo, slogan, ou design unique.
- **Accessoires personnalisés** tels que des sacs, des casquettes, des coques de téléphone, ou des gourdes portant des messages ou des designs en lien avec votre contenu.

Comment les vendre sur TikTok :

- Créez des vidéos montrant vos **produits portés ou utilisés**, ou faites des démos engageantes.
- Utilisez des **hashtags populaires** comme #Merch ou #PersonalizedGift pour toucher une audience plus large.

- Insérez un lien vers votre boutique en ligne dans la **bio** de votre profil.

---

2. Produits de beauté et cosmétiques

TikTok a une énorme communauté dédiée à la beauté et au maquillage, souvent connue sous le nom de **BeautyTok**. Si vous créez du contenu dans ce domaine, vendre des **produits de beauté** peut être extrêmement lucratif. Vous pouvez vendre vos propres produits cosmétiques ou devenir affilié pour des marques de beauté.

Exemples de produits à vendre :

- **Produits de maquillage** : rouges à lèvres, palettes de fards à paupières, fonds de teint, etc.
- **Produits de soin de la peau** : crèmes hydratantes, sérums, masques faciaux.
- **Accessoires de beauté** : pinceaux de maquillage, éponges, miroirs LED.

Comment les vendre sur TikTok :

- Faites des **tutoriels** et des **démonstrations** en direct pour montrer comment utiliser les produits.
- Participez à des **tendances beauté** comme des challenges de transformation ou des looks avant-après.
- Collaborez avec des **influenceurs beauté** pour promouvoir vos produits.

---

3. Produits numériques et formations en ligne

Si vous êtes un expert dans un domaine spécifique, comme le fitness, la photographie, le marketing, ou même l'art, vous pouvez vendre des **produits numériques** ou des **cours en ligne**. Ces types de produits sont particulièrement efficaces, car ils nécessitent peu de coûts de production et peuvent être vendus à un large public.

Exemples de produits à vendre :

- **Ebooks** sur un sujet que vous maîtrisez (ex. : guide de fitness, manuel de photographie, livre de recettes).
- **Cours en ligne** : formations sur le marketing digital, le développement personnel, l'entrepreneuriat, etc.
- **Modèles et ressources** : packs de templates pour Instagram, fichiers de retouche photo, ressources de design graphique.

Comment les vendre sur TikTok :

- Faites des **vidéos éducatives** qui montrent un aperçu du contenu que vous vendez.
- Créez des vidéos « astuces » ou « didacticiels » pour montrer votre expertise et encourager les utilisateurs à acheter vos formations.
- Utilisez TikTok pour rediriger vos abonnés vers des plateformes comme **Teachable**, **Gumroad**, ou **Shopify** où ils peuvent acheter vos produits numériques.

---

4. Produits de fitness et de bien-être

TikTok regorge de créateurs qui produisent du contenu lié à la santé, au bien-être, et au fitness. Si vous êtes actif dans ces domaines, vendre des **produits de fitness** ou de **bien-être** peut être un excellent moyen de monétiser votre contenu.

Exemples de produits à vendre :

- **Équipements de fitness** : haltères, bandes de résistance, tapis de yoga.
- **Vêtements de sport** : leggings, brassières, shorts, etc.
- **Programmes de fitness** : plans d'entraînement, routines d'exercices personnalisées, et régimes alimentaires.

Comment les vendre sur TikTok :

- Publiez des **vidéos d'entraînement** en utilisant les produits pour montrer leur efficacité.
- Participez à des **challenges de fitness** (comme le #GetFitChallenge) pour attirer un public intéressé.
- Utilisez TikTok LIVE pour **interagir en direct** avec votre audience et répondre à leurs questions sur les produits.

---

5. Art, créations artisanales et produits faits main

TikTok a une forte communauté d'artistes et de créateurs artisanaux. Si vous êtes dans le domaine de l'art, de la peinture, de la poterie, ou de la fabrication artisanale, vous pouvez vendre vos **créations artistiques** directement à vos abonnés.

Exemples de produits à vendre :

- **Peintures et dessins** originaux ou impressions de haute qualité.
- **Bijoux faits main** : colliers, bracelets, boucles d'oreilles.
- **Produits artisanaux** : bougies, savons, objets décoratifs personnalisés.

Comment les vendre sur TikTok :

- Créez des **vidéos en time-lapse** montrant votre processus de création, ce qui attire l'attention et montre l'aspect unique de vos produits.
- Participez à des **challenges créatifs** pour toucher une communauté d'artistes.
- Utilisez des **hashtags spécifiques** comme #ArtTok ou #Handmade pour atteindre une audience passionnée par les créations artisanales.

---

6. Produits technologiques et gadgets

Si vous êtes dans le domaine de la technologie ou des gadgets, TikTok peut être une excellente plateforme pour vendre des **produits technologiques** à une audience passionnée par les nouveautés et les innovations.

Exemples de produits à vendre :

- **Accessoires pour téléphones** : coques, chargeurs, écouteurs sans fil.
- **Produits innovants** : gadgets pour la maison intelligente, outils technologiques utiles pour le quotidien.
- **Électronique** : petits appareils comme des caméras portables, drones, etc.

Comment les vendre sur TikTok :

- Faites des **démonstrations** de vos gadgets en montrant comment ils fonctionnent et pourquoi ils sont utiles.
- Utilisez des **unboxings** ou des revues de produits pour attirer l'attention des amateurs de technologie.
- Collaborez avec des **influenceurs tech** pour promouvoir vos produits.

---

7. Produits alimentaires et culinaires

Si vous êtes dans la niche de la cuisine, vendre des **produits alimentaires** ou des articles liés à la cuisine peut être très rentable, surtout si vous avez une audience engagée dans cette thématique.

Exemples de produits à vendre :

- **Ingrédients uniques ou spéciaux** (épices, sauces, mélanges).
- **Kits de cuisine** pour réaliser des plats spécifiques (kits de pâtisserie, kits de préparation de sushis).
- **Ustensiles de cuisine** : couteaux, planches à découper, outils pour la pâtisserie.

Comment les vendre sur TikTok :

- Faites des vidéos de **recettes** utilisant vos produits alimentaires.
- Participez à des **challenges culinaires** comme le #TiktokFood pour attirer des amateurs de cuisine.
- Utilisez TikTok LIVE pour organiser des **démonstrations culinaires en direct** et répondre aux questions des abonnés.

TikTok offre une vaste opportunité pour vendre une grande variété de produits, qu'ils soient **physiques** ou **numériques**. Que vous vendiez des vêtements, des produits de beauté, des gadgets, ou des œuvres d'art, l'important est de créer du contenu engageant qui montre vos produits sous leur meilleur jour et attire une audience intéressée. Utilisez des **démonstrations**, des **tutoriels**, des **collaborations avec des influenceurs**, et des **challenges** pour maximiser vos chances de succès et de ventes sur la plateforme.

En combinant une audience engagée avec une stratégie de vente efficace, TikTok peut devenir un levier puissant pour augmenter vos revenus et transformer votre présence en ligne en une véritable activité commerciale.

TikTok est devenu une plateforme incontournable pour les créateurs de contenu cherchant à atteindre une audience massive et à monétiser leur travail. Ce livret a couvert en détail les **étapes essentielles pour réussir sur TikTok**, de la création de votre compte à l'optimisation de vos vidéos, en passant par les stratégies pour croître et engager votre audience. Voici un **résumé des points clés** abordés, vous permettant d'avoir une feuille de route claire pour maximiser vos chances de succès sur cette plateforme.

1. Créer et optimiser votre compte TikTok

La première étape vers le succès sur TikTok commence avec la **création d'un compte optimisé**. Qu'il s'agisse d'un compte personnel ou professionnel, il est essentiel d'utiliser des informations vérifiées, comme un email ou un numéro de téléphone valide, et d'**optimiser votre bio** pour capter l'attention. Une bio concise, accrocheuse et orientée vers votre thème ou niche aide à donner une première impression forte.

- **Comptez sur la cohérence et l'authenticité** dès le début pour que votre audience sache à quoi s'attendre.
- **Optimisez votre photo de profil**, nom d'utilisateur, et lien vers vos autres réseaux ou site web.

2. Éviter les erreurs et le shadow ban

L'un des pièges les plus courants sur TikTok est de se retrouver victime d'un **shadow ban**, ce qui limite drastiquement la visibilité de vos vidéos. Pour l'éviter :

- **Respectez les règles communautaires de TikTok**, notamment en matière de droits d'auteur.
- Ne suivez pas ou ne supprimez pas massivement des abonnés, et ne postez pas excessivement dans un court laps de temps.
- **Soyez authentique** et créez du contenu qui respecte les guidelines de la plateforme.

---

3. Croissance de l'audience et création de contenu engageant

Pour **atteindre les 10 000 abonnés**, vous devez élaborer une stratégie de croissance en utilisant les bonnes pratiques :

- **Utilisez les hashtags tendance et pertinents**, sans en abuser, pour augmenter la visibilité de vos vidéos.
- **Postez à des moments stratégiques** pour maximiser l'engagement. Comprendre l'algorithme de TikTok vous aide à choisir les heures optimales de publication.
- **Collaborez avec d'autres créateurs** : les duos ou challenges partagés peuvent considérablement augmenter votre portée.

L'engagement avec votre audience est tout aussi important. Encouragez les interactions à travers des appels à l'action (likes, commentaires, partages), et engagez-vous avec votre communauté en répondant aux commentaires et en créant une relation personnelle.

---

4. Créer des vidéos virales

Le succès viral repose sur plusieurs facteurs clés :

- **Accroche rapide** : Attirez l'attention dans les 3 premières secondes de la vidéo.
- **Storytelling rapide et visuel** : Racontez une histoire concise en moins de 60 secondes.
- **Utilisation de sons et musiques populaires** : Les sons viraux et tendances permettent d'augmenter votre visibilité.
- **Participer aux challenges viraux** : En prenant part à des tendances populaires, vous augmentez vos chances d'apparaître sur la page **Pour Toi**.

Les vidéos de **15 à 30 secondes** sont souvent les plus efficaces pour capturer l'attention et obtenir un taux de complétion élevé, ce qui est essentiel pour attirer l'algorithme de TikTok.

---

5. Monétiser votre compte TikTok

Une fois que vous avez réussi à bâtir une audience engagée, vous pouvez commencer à monétiser votre contenu. Voici quelques options de monétisation :

- **Fonds des créateurs de TikTok** : Si vous avez plus de 10 000 abonnés et générez plus de 100 000 vues sur 30 jours, vous pouvez prétendre au fonds des créateurs.
- **Partenariats avec des marques** : Les comptes spécialisés attirent des marques qui souhaitent collaborer avec vous.
- **Cadeaux vidéo et LIVE** : Recevez des "diamants" de vos abonnés pour vos vidéos et lives.
- **Création d'un marketplace de contenu sponsorisé** : Associer vos vidéos à des campagnes de marque pour obtenir des revenus supplémentaires.

---

6. Utilisation des comptes à thème pour maximiser la monétisation

Les comptes spécialisés, axés sur un **thème précis**, sont plus efficaces pour fidéliser une audience et attirer des partenariats commerciaux. Se concentrer sur une niche spécifique (tech, cuisine, fitness, etc.) permet de :

- Attirer une audience ciblée et qualifiée.
- Devenir une **référence dans un domaine spécifique**, augmentant ainsi la crédibilité et l'autorité.
- **Faciliter la monétisation** par des collaborations avec des marques alignées avec votre niche.

Chapitre 16 : Dernières réflexions et conseils pour maximiser votre succès sur TikTok

Réussir sur TikTok demande un mélange de **créativité, stratégie** et **engagement** continu. Voici quelques **derniers conseils** pour vous assurer de rester sur la bonne voie :

- **Soyez régulier** : La constance est clé. Postez du contenu régulièrement pour rester dans l'esprit de votre audience et éviter que l'algorithme ne vous oublie.
- **Innovez constamment** : Testez de nouveaux formats, utilisez des effets différents et suivez de près les nouvelles tendances. TikTok est une plateforme en évolution rapide, et il est essentiel de rester à jour.
- **Engagez-vous avec votre communauté** : Ne vous contentez pas de poster du contenu. Interagissez activement avec vos abonnés, écoutez leurs retours et répondez à leurs commentaires pour renforcer votre lien avec eux.

- **Soyez patient et persévérant** : Le succès sur TikTok ne se construit pas du jour au lendemain. Restez patient, continuez à expérimenter et à améliorer votre contenu.

Avec ces stratégies et ces bonnes pratiques, vous avez désormais les outils nécessaires pour non seulement croître sur TikTok, mais aussi pour **monétiser efficacement** votre contenu. En suivant les étapes décrites dans ce livret, vous pouvez transformer votre passion pour la création de vidéos en une activité rentable et épanouissante sur TikTok.

En résumé, TikTok est une plateforme riche en opportunités pour les créateurs de contenu. En créant un compte optimisé, en produisant du contenu engageant, en développant une audience fidèle et en monétisant efficacement, vous pouvez tirer parti de cet écosystème dynamique pour transformer votre créativité en revenus.

Se lancer dans la création de contenu sur TikTok peut être une aventure passionnante, mais il y aura aussi des moments de doute, de frustration, et des périodes où la motivation peut faiblir. Il est crucial de comprendre que le succès ne se construit pas du jour au lendemain. Ce dernier chapitre est un message d'encouragement pour vous rappeler l'importance de la **persévérance**, de la **patience**, et de la **résilience** tout au long de votre parcours de créateur.

---

1. Les hauts et les bas du parcours créatif

Comme toute aventure, créer du contenu sur TikTok est parsemé de **moments de succès**, mais aussi de **défis**. Il est tout à fait normal de connaître des périodes où vos vidéos ne génèrent pas autant de vues ou d'engagement que vous l'espériez. Il est essentiel de garder à l'esprit que **tout le monde passe par ces phases**, même les créateurs les plus populaires.

Conseils pour surmonter les moments difficiles :

- **Ne prenez pas les échecs personnellement** : Si une vidéo ne fonctionne pas comme prévu, cela ne signifie pas que vous avez échoué. Prenez cela comme une **opportunité d'apprendre** ce qui fonctionne ou non. L'algorithme de TikTok peut être imprévisible, mais la constance et la qualité finissent par payer.
- **Diversifiez votre approche** : Si une série de vidéos ne performe pas, essayez de **changer de style, de ton, ou de format**. La créativité est fluide, et parfois, un léger ajustement peut faire toute la différence. N'ayez pas peur d'explorer de nouvelles idées ou d'aborder un sujet sous un angle différent.

2. Rester créatif et trouver l'inspiration

Il est normal de se sentir parfois en panne d'inspiration, mais **rester créatif** est l'un des moteurs de la réussite sur TikTok. L'une des clés pour continuer à créer du contenu engageant est de **nourrir votre créativité** en explorant constamment de nouvelles idées.

Conseils pour rester créatif :

- **Suivez les tendances, mais ajoutez votre touche personnelle** : Sur TikTok, les tendances évoluent rapidement. Plutôt que de copier aveuglément ce que font les autres, demandez-vous comment vous pouvez apporter une nouvelle perspective, **injecter votre personnalité** dans la tendance et vous approprier le contenu.
- **Trouvez l'inspiration dans d'autres domaines** : Ne vous limitez pas à votre propre niche. Parfois, la meilleure inspiration vient de **regarder ce qui se fait dans d'autres secteurs**. Par exemple, un créateur de contenu mode pourrait trouver de nouvelles idées en s'inspirant des vidéos de fitness ou de cuisine.
- **Observez votre communauté** : Votre audience est une grande source d'inspiration. Prenez le temps de lire les commentaires, les suggestions et les questions qu'ils posent. Répondre à leurs préoccupations ou à leurs demandes peut être une excellente base pour de nouvelles vidéos.

3. Cultiver la patience et la résilience

Le succès sur TikTok, comme sur toutes les autres plateformes, demande **du temps et de la persévérance**. Il est facile de se laisser décourager lorsque les résultats ne viennent pas aussi rapidement que prévu. Cependant, la **persistance** est ce qui vous distinguera des autres créateurs.

Conseils pour cultiver la patience :

- **Rappelez-vous que la croissance est progressive** : Peu de créateurs explosent du jour au lendemain. Le plus souvent, la réussite se construit petit à petit, avec chaque nouvelle vidéo apportant de nouveaux abonnés et de nouvelles interactions. La clé est de rester **constant** et de publier régulièrement.
- **Fixez-vous des objectifs à court terme** : Au lieu de vous concentrer uniquement sur des objectifs lointains comme atteindre un million d'abonnés, **célébrez les petites victoires**. Que ce soit l'atteinte de 100 nouveaux abonnés ou la création d'une vidéo particulièrement réussie, chaque pas compte dans votre parcours.
- **Apprenez à accepter les moments de doute** : Tout le monde rencontre des phases de découragement. Il est important de les reconnaître et de ne pas les laisser vous arrêter. Prenez une pause si nécessaire, mais revenez toujours avec un esprit renouvelé et prêt à relever de nouveaux défis.

---

4. Bâtir une communauté fidèle

Au-delà de la création de contenu, votre objectif ultime est de **bâtir une communauté engagée et fidèle**. Ce ne sont pas seulement les vues ou les abonnés qui comptent, mais les relations que vous construisez avec vos followers. Une communauté fidèle vous soutiendra même dans les moments les plus difficiles et sera un moteur pour votre croissance.

Conseils pour créer une communauté fidèle :

- **Interagissez avec votre audience** : Prenez le temps de répondre aux commentaires, d'écouter les feedbacks et de remercier votre communauté pour son soutien. Les utilisateurs se sentent plus connectés aux créateurs qui prennent le temps de les reconnaître.
- **Soyez authentique et honnête** : L'une des raisons pour lesquelles les créateurs réussissent sur TikTok est qu'ils sont perçus comme **authentiques**. Ne tentez pas de créer une version artificielle de vous-même pour plaire à tout le monde. Votre véritable personnalité est ce qui attirera et fidélisera vos abonnés.

---

5. Ne pas abandonner : la clé du succès

Le chemin vers le succès sur TikTok est pavé d'efforts, de persévérance et de créativité. Il peut y avoir des obstacles en cours de route, mais c'est votre **détermination** qui vous permettra de les surmonter. À travers tous les hauts et les bas, il est essentiel de garder à l'esprit **pourquoi vous avez commencé**. Votre passion, votre engagement et votre volonté de créer un contenu qui vous ressemble sont les éléments clés qui vous mèneront vers le succès.

En fin de compte, la réussite sur TikTok n'est pas simplement une question de **chiffres**, mais aussi de **résilience, d'engagement et de créativité**. Chaque créateur a son propre chemin, et bien que les défis puissent être nombreux, ils sont également l'occasion de **grandir et d'apprendre**. Gardez à l'esprit que le succès vient avec le temps et que chaque vidéo, même si elle ne devient pas virale, est une pierre de plus dans la construction de votre parcours.

Restez motivé, continuez à innover, et surtout, **ne baissez jamais les bras**. Le succès est à portée de main pour ceux qui persévèrent.

www.ingramcontent.com/pod-product-compliance
Lightning Source LLC
LaVergne TN
LVHW051331050326
832903LV00031B/3483